我是排灣族女孩，在家族期望的愛中長大。
我在漢人的都會區出生、成長，也不斷重返原鄉部落找根。
在這一折一返之間，我漸漸把自己的模樣看得更清楚。

因為我們是那麼不一樣，卻又那麼一樣。

ABAO

Sofar

Ari帶著問號往前走

阿爆 Aljenljeng

李郁淳 採訪撰文

推薦序

推薦序

不簡單的排灣普通女神

——布拉瑞揚・帕格勒法／布拉瑞揚舞團藝術總監、編舞家

當阿爆還不是阿爆的時候，家人都叫她小雯。小雯從小聰明伶俐，剛學會說話就人之初、性本善的三字經，性格大方，很愛表演，又唱又跳的，大家都說長大後一定會當歌星。

我跟小雯年紀相差九歲，她在高雄長大，幾年才能見到一面。一九八八年我剛進左營高中舞蹈班，母親託舅媽來學校送生活費，舅媽拎著七歲的小雯來到學校，綁著辮子，眼睛大大的，特別可愛，後來再看到她，已經是十五年後。二〇〇三年，那個網路還不是很普及的年代，當時我人在紐約，為解鄉思，在紐約留學的台灣人，每到週末就會到皇后區法拉盛（小台灣）的錄影帶店租台灣綜藝節目來看。我就是在綜藝大哥大的節目上看到「阿爆 & Brandy」，為確認那個頂著爆炸頭的阿爆是不是表妹小雯，還特別打了一通越洋電話到台東老家，小雯果真當上了歌星。

阿爆的外婆是傳統婚禮吟唱者，聽母親說，vuvu 米次古聲音清亮，是部落歌藝最好的長者，阿爆母親愛靜，十八歲就出黑膠唱片，是第一位出專輯的排灣族歌手，也是部落各大大小小慶典晚會的主持人，被稱爲排灣天后。阿爆遺傳了外婆跟母親的好歌藝，繼承衣缽，她不只唱歌，還串起了三代情，在外婆高齡八十時，做了一張《東排三聲代》，留住外婆的歌，也在母親癌症的最後八年時光，積極的讓母親參與專輯製作，讓媽媽的創作永留長存。

外婆 vuvu 米次古唱給部落的人聽，母親愛靜唱給原住民聽，而阿爆的歌，已跨越族群，不分原漢閩客，整個台灣，乃至世界。聽過阿爆的歌，可能都學會了排灣語一到十，也學會了謝謝，malji-malji masalu。

記得舅媽生前跟我說過，「妹妹會唱歌，但會唱歌的人很多，能紅的也只有幾個，所以當初王偉忠他們要簽她的時候，我只要求一件事，先讓小雯考護理執照，考上才能簽約。」因爲歌唱事業不成，至少可以回到本業。舅媽還說，我跟阿爆都是奇怪的人，鬼點子很多，以後一定要相互幫忙，要多照顧妹妹，但其實後來，都是妹妹在照顧哥哥。

二〇一五年我回到台東創立舞團，阿爆只要有新創作就會傳來分享，有工作機會也不忘

BDC（布拉瑞揚舞團），從第一張專輯〈izuwa〉的MV，到第二張〈嚇一跳〉，從一人攝影，到後來大陣仗的攝影團隊，從金曲獎開幕演出到「阿嘟運動演唱會」，我們總是圍成圈，牽起手，一起感謝祖靈。

阿爆自稱排灣普通女孩，但她做的事卻是如此不簡單，她以家族tjaluvie之名，「一棵樹有源源不絕的水，可供養萬物生命。」小小的水，小小的自己，當有能力的時候還不忘分享，提攜後進，成爲大家喜愛的普通女神。

我很驕傲有一個這樣的妹妹，也很慶幸在創作的路上，我們互相幫忙，相互欣賞著。咿咧*！

---

*爲台灣原住民部落生活中常使用的語助詞，有讚嘆、驚嘆、歡呼之意，有時也有調侃的語調用來呼應所發生的事件。

推薦序

她還是那個很 chill 的阿爆（阿仍仍）

——敏迪／國際新聞界的天之驕女

我很喜歡書裡這一句話：「我其實一直都是等別人邀請，等世界邀請。」這句話帶出阿爆的成功，同時也帶出她最 chill 的那一面，用她的話就是：「積極地隨波逐流。」

我應該算是個幸運的小粉絲。在阿爆出第一張專輯《阿爆 & Brandy 創作專輯》時我才十四歲，對於電視裡頭那個在桌上熱舞的爆炸頭印象非常深刻，歌詞旋律也是一聽就愛上。結果沒想到她們打敗了我的偶像 S.H.E 後就銷聲匿跡了，我有種感情被騙走的錯覺。沒想到十三年後，竟然又在金曲獎上看到這位爆炸頭女生。但這次她的風格好不一樣，改成用母語唱著〈vavayan 排灣女孩〉。大螢幕播出的 MV 也不再是大製作，而是原鄉部落的一群可愛舞者們嘻笑間的曼妙舞姿。接著一等又是三年。二〇一九年我無意間在 YouTube 上看到〈Thank you〉的 MV，聽完整個人起雞皮疙瘩。我這才發現她換了個名字，叫阿爆（阿仍仍）。

阿爆這一段歷程，在我們外人看來是從主流走向非主流，從大眾走向小眾。但非主流又如何？對她來說，人生的每一步都是棋局，是命運的手要她將棋子移動到這裡，她唯一要做的就是接受其安排。又這麼剛好，這隻手安排的不是只是她一人的事。她身體流的是排灣族的血，嘴裡唱的是外婆和媽媽的旋律，手裡握的是一整個原民部落的向心力。於是她不管在生命的哪個階段，都在用她的熱情服務著身邊的人。小時候當妹妹的保護傘，在學校當大家的開心果，到了原民台還要做傳統文化的傳聲筒。即使拿下金曲獎年度專輯，風風火火了，她還是那個很 chill 的阿爆（阿仍仍），回頭幫部落年輕人做那屋瓦一號作品《N1》，採集五十多個部落的聲音。這就是阿爆一直以來的寫照：自己不重要，重要的是大家一起好。

阿爆在書裡說，她人生終極目標就是追求自在。對她而言，自在就是不管你走去哪裡都像自己。這本書就是阿爆活得自在的證明。阿爆用她的故事告訴你，你不必追求功成名就，你只需要活得像自己，這個世界就會邀請你。

推薦序

不設限不無聊，不可思議的爆式魔力

——楊錦聰／風潮音樂創辦人

阿爆找我寫序！收到邀請的當下有點驚訝，但也深感榮幸。去年十一月她參加我主持的Podcast節目「轉吧！創夢大叔」，我們一聊就停不下來，整整一個小時笑聲不斷，聊得非常開心，或許是因爲我們身上有些共同的特質，比如熱愛跟別人分享、能誠實忠於自己、勇敢地去做想要做的事情。另外，我也觀察到，我們兩個人似乎都具有「傳教士」的精神，對於所相信、所認可的價值，就會不遺餘力的去推廣跟執行。我想，這也許是爲什麼阿爆邀請我寫序的原因吧！

講到我所認識的阿爆，就想起二〇二二年她在台北流行音樂中心舉辦的「阿嘟運動演唱會」。現場來了約五千名觀眾，阿爆一出場，全場立刻high翻，跟著一起舞動。她雖然身軀嬌小，卻蘊含能帶動全場的強大感染力，眞是不可思議！

當然，我更不會忘記二〇二〇年的金曲獎，她以專輯《Kinakaian 母親的舌頭》入圍八個獎項，拿下「年度專輯獎」、「最佳原住民語專輯獎」、「年度歌曲獎」三項大獎，一下子聲名大噪，火紅起來。當時很多人就好奇，阿爆爲什麼能這麼成功和受歡迎？相信讀者細細看完這本書，就更能了解阿爆的魔力是如何產生的。

我最爲欣賞的，是阿爆在二〇一五年開啓的「那屋瓦 Nanguaq 環島部落收音計畫」。這個計畫用了五年時間，走訪超過五十個部落，記錄下不同族群的許多古謠，也挖掘到一些年輕的音樂人才。她將這些足跡化作專輯《N1》那屋瓦一號作品，幫助部落年輕人圓夢，帶領他們走向演出舞台，唱出屬於他們這個世代的聲音。這樣的傳承和發揚是非常有力和深遠的。早期風潮音樂也是因爲跟著民族音樂研究專家吳榮順老師的腳步，進行許多原民音樂採集的工作。過程中經常遇到困難，是非常辛苦的，但對風潮音樂而言，這些聲音的採集以及出版，是非常珍貴的禮物，也奠定了風潮音樂在台灣音樂中的特殊之處，我們非常珍惜這片土地上所有聲音的文化厚度。

我想，阿爆吸引人的特點有幾個部分：

首先，這跟她從小所處的環境有關。她的父母爲了讓孩子能受良好教育，進而有好的職涯出路，決定舉家搬到高雄市區，所以她早期的童年生活是在都會區度過。但由於寒暑假時父母親仍是忙碌，又把她們送回部落，阿爆因此可以跟著阿公、阿嬤在部落裡生活。生活環境的變化和所處的生活文化產生差異，對很多人來說可能會是個困擾，但對阿爆來說並不如此，她很早就能夠融入不同的生活形態並從中學習。她在城市裡學習閩南語、客語，和同學打成一片，回到部落就學著用部落的語言說話和生活。她古靈精怪的個性，加上善於統合的天賦，使她能自然地於不同地區、不同族群間進出，到哪都能隨遇而安、駕馭自如。更由於她開放不設限的個性，敞開與接納生命裡所發生的一切，這些都成爲她生命成長中的資糧跟養分。

其次，是來自她外婆和母親的傳承。外婆在她小時候便傳唱古謠，傳承給她部落中的傳統文化，而母親更是帶著她走向現代、多元的重要觸媒。爲了獨立生活和養育孩子，阿爆的母親不只擔任婚禮歌手還兼作主持人，在排灣歌謠外，也詠唱不同種語言的歌。阿爆從小跟著母親到處跑場，在耳濡目染下也就更容易接觸到不同方式的演出。母親這般多元運用自身才能的特長，她都一一繼承與接納。這也就是爲什麼我們可以在阿爆製作的音樂專輯中，看見既有古謠元素，又能不拘泥於制式，將個人喜愛的曲風加以融合，創造出讓我們熱愛和驚艷的「阿爆現象」。

最後，是關於她個人的有趣特質，這也是她最有魅力的所在吧。她很在乎事情「好不好玩、有不有趣」，包括音樂創作也是一樣。她喜歡將部落的日常生活中，人們所開的玩笑、有趣的對話，融入到創作中。記得錄 Podcast 的時候，她講了一個例子：「吃粽子胃會嚇一跳！」光是「胃會嚇一跳」，就很有漫畫 KUSO 的搞笑感，但融合進歌曲時，又讓人感覺很生活化。簡單、輕鬆，卻很有感染力，這樣創作出來的歌曲，當然會大受歡迎。

我和阿爆都深信「我們必須對自己誠實，去做自己喜歡的事情。」如此一來，即使遇到挫折或是遭別人反對，還是能夠忠於自己的決定，帶著相信自己的信念持續往前，這樣子的熱情就會不間斷也用不完！

在我眼中，阿爆就是太陽的孩子，全身散發著熱情的光芒（因為童年洗澡都是用太陽曬過的熱水加持 XD），期許她能持續帶著一群年輕人，在流行與部落文化之間遊玩、碰撞，美麗的煙火也將不斷地在天空閃耀，爆聲不停～～～

推薦序

在她的音樂裡，練習擁抱各種美

——劉致昕／《報導者》副總編輯

寫這篇序的時候，我想起在瑞士的一次採訪。

受訪者是一個公民團體，他們做的事，是邀請 LGBTQ 社群的成員，走進校園，跟小學生、國中生對話。瑞士對多元性別的態度是保守的，同婚合法化落後台灣。

對話的開始，是一個練習，小朋友們站到教室中間，場地中畫一條線。帶活動的大哥哥、大姊姊，或者看不出來要叫大哥哥還是大姊姊的志工，會開始問問題。「頭髮是金色的，站左邊，不是金色的到右邊。」、「喜歡吃紅蘿蔔的去左邊，不喜歡的到右邊。」、「喜歡踢足球的左，不喜歡的到右」。

接著口味加重。是不是獨子、有沒有喜歡的人、爸爸媽媽是不是在瑞士出生、家裡是不是上教堂的、家裡是否有爸爸跟媽媽……等等。題目的安排，都透過班導訪談、前期討論設計而成。這個練習，主要的目的是讓每個孩子知道，每個人都有機會是群體裡的「少數」，記得成為少數的感覺。

志工們接著才告訴孩子，今天要做「認識性別多元的族群」的練習。這個練習是重要的，因為不一樣的每一個人，就有機會在社會裡享有尊重，活出自我，都舒服自在。這個練習是重要的，因為我們都不一樣所以我們其實都一樣，好好練習，就能看見更多不同的美。

我每次都會問自己，又聽不懂排灣語或任何一種原民語言，看阿爆的表演是在哭什麼啊？

有一次，穿著族服的她，接過客家歌迷傳上來的花布斗笠，戴著它唱完〈Thank You〉。有一次，她讓十幾個變裝皇后上台在她的母語歌裡走秀。還有一次，她把部落婦女剝花生、部落運動會的拔河搬上北流舞台。那次，採訪完的我們搭她便車趕火車，她說其實她最開心的事情，是看到她的場子裡每個人都舒服的做自己，然後驕傲的說出她在屏東表演帶大家在間奏做瑜伽的例子。

謝謝排灣族普通女神給我們好音樂，帶我們練習擁抱各種美。謝謝這本書，創造一個機會讓阿爆好好的說自己的故事，看起來毫不費力的樣子背後乙定是很久很久的努力了。我想說點嚴重的，這本書不只是一個「原民創作人」的故事，它就是一個台灣故事。打開書跟耳機，是時候享受這場練習，我是眞心相信，這場練習會讓我們一起往期待中的那個世界前進。

推薦序

是因為她有一顆很大的心嗎？

——**鄭宜農**／創作人

當初在答應爆妹寫推薦序的時候，我沒想到這會是一件有些困難的事情。大家可能會想說，這麼直白的書，我們又本來就認識，也一起做了不少事情，有什麼好說難的？

我原先以爲，難的點是在於這本書有很多面向可以說，它的觀點，是一位女性、一位原住民、一位都市原住民，一位創作者、演出者、倡議者、文化採集者、獨立音樂工作者或流行文化參與與觀察者的綜合體，再加上還是一位女兒、同學、前輩、後輩，光是要去想該如何在一定字數內選定自己最想講的那一個，就已經很不容易，畢竟這些觀點都是這麼有趣又珍貴。

不過到最後，我發現最難的點，其實是在於搞懂一個自己在閱讀時出現的症狀，那就是我幾乎沒有辦法在任何工作行程中的等待去讀它，因爲每次開始讀，眼淚就止不住地噴出，這樣眼妝真的會花掉。

爲什麼？阿爆的書明明是這麼輕盈自在，而我平常也不眞是這麼愛哭的人。我在想那份直直撞擊而來的能量是什麼？是因爲她有一顆很大的心嗎？那顆心讓她很早就能夠看見事物的全貌，並把力氣放在最正確的地方，把愛用無私不黏膩的方式展露給這個世界。還是，因爲這顆很大的心，其實也會有痛苦與困惑，而這些當下濃烈的經歷又正因爲她有顆夠大的心，而能在最後以俐落明快的方式被述說？

再或者，是因爲這本書其實是某種美好的群體共識集結而成？畢竟我看其他人描述阿爆的時候也哭，我就搞不懂他們明明都在講滿好笑的事情，我到底幹嘛一直哭？

當你看見一個人擁有自然凝聚群體的力量，那力量以目前的你而言還只能仰望，那麼這世界上，確實有一種眼淚是既孤獨又喜悅的。我想，這本書確實會爲一些孤獨的人帶來深遠的、充滿喜悅的影響，包括我在內。而如果剛好我們這些孤獨的人，都有一點辦法去爲一個族群或者一個產業做更多的話，那麼這樣的影響，也就是很群體性的了。

謝謝阿爆出了這本書。

自序

積極地隨波逐流吧！

——阿爆 Aljenljeng

Hi，親愛的大家：

感謝你擁有這本書，不管是別人送的還是自己買的，或是莫名其妙就出現在你眼前，都是緣分。

對於出書這件事，直到此刻敲打自序時，我還是覺得很「問號」。

接到聯經邀請的時候，一直覺得他們在開玩笑，難道是要出我的寫眞書嗎？難不成他們看到我不知道的潛力？結果當然是我想太多。他們希望是一本介紹我這個人的書，但我這個人到底有什麼好介紹的？會有人感興趣嗎？會不會讓出版社賠錢？出版業好像跟唱片業一樣困難，難道是要嘗試困難加成？

各種問號經過腦袋，問號空隙中跑出個聲音說：「試試看嘛，你這個人沒做過出書這件事。」一如以往，對於新事物的好奇心爲我做出了選擇，於是有了你們手中的這一本。

二〇〇三年「阿爆 & Brandy」頂著爆炸頭的女子華語重唱組合，拿了一座金曲獎後歌唱事業中斷；公視情境喜劇裡扮演移工外傭角色馬尼拉；原民台節目主持人；曾經戶頭只剩十元後回歸當護士……這些都是我，這本書的內容不是只有採訪，編輯團隊更拋出各種問題跟方向，推著我整理來到這個世界上的四十年間做了些什麼事（你可以放心發出「看不出來欸～」的驚嘆聲，沒關係的），才累積成現在的樣子。

我是民國七十年出生的七年級生，從父母親戚會自稱「山地人」的年代，到現在大眾有意識的稱呼我們爲「原住民」的時代，我的生命經歷很多不同元素的滋養與碰撞，不論是族群的身分、信仰、職業、人格特質養成等等，每一個階段恰巧都像沉浸、交錯、融合的實境秀，有時候我是主角，有時候是觀察碰撞的旁觀者。

這些碰撞開始於生活場景的移動。遷移是從爸媽那一代開始，他們沒有承接家裡的農務，也想探索更多的機會，爲了就業與孩子的教育環境選擇移居鄰近台東的大都會高雄，我也就成了一般大眾口中的「都市原住民」——指的是上一代離開原鄉，在第二故鄉生下的原住民二代。我媽媽的兄弟姊妹在青壯時期一起移居高雄，在市郊租下整棟透天厝一起居住。這些移居的族人有一種自然群聚性，白話文就是「原住民會找原住民」，大家租在同一區，下工後一起吃飯，過年或連假返鄉時組車隊一起回老家，在原漢生活場域間轉換是我成長的日常。

媽媽生前常說：「從小就愛講話吵死了，沒想到天主給你靠講話賺錢這個主持人的工作，你要感謝天主。」將長輩們的記憶拉回我的幼稚園時期：下課後，開計程車的爸爸會接我放學，讓我坐在前座，回程路上如果有客人攔車，爸爸會告知有小孩同行，如果不介意才載客。爸爸說，在這段路途上，我就是一個「人體電台」，嘰嘰呱呱訊號不斷電，看到路上連字都不認識的招牌也念，摩托車、行道樹、路人、攤販都要點名念一下，遇到愛聊的客人會一起聊天。我對於不同世界的好奇與表達能力，就是從計程車司機女兒副駕這個身分開始培養的。

用語言、歌唱、肢體來表達是我所熟悉的方式，文字還眞的不是，但也因爲不是所以想試試。一直覺得自己是個萬般幸運的人，二十二歲時人生第一份工作是夢想的職業歌手，但又在我沒有防備時停止了歌手的路。當我以爲不會再與音樂發生關係時，三十五歲音樂又選擇了我。這些年的採訪都會問到類似的問題：「你怎麼知道作品會受歡迎？」、「你怎麼達成這些目標？」、「你怎麼遇到這些機會？」其實我真的不知道這一切是怎麼發生的，我只知道人本來就不會知道所有的事，因爲我們只是人。在我的想像裡人就是帶著問號往前走的生物，不管你想不想、要不要都得往前走，所以如果有疑惑也不要擔心，因爲起碼我跟妳／你是相同的，其他人也不見得沒有疑惑，只是有沒有說出來而已。

在有呼吸的時候積極地隨波逐流，先做先感受，生命的洋流會帶著你的。

再次感謝擁有這本書的你們，謝謝聯經團隊的邀請，謝謝撰稿夥伴郁淳，視覺藝術的好夥伴磊勒丹 Reretan，以及幫忙推薦的親朋好友們。

分享生命經驗是有點害羞啦，不過如果可以對你有點幫助那很好，或帶給你快樂那更好，如果是帶來問號那就太好了（好在哪裡？）。沒有人是特別厲害的，因爲我們都一樣是人，都會肚子餓的那種，所以，Ari 一起帶著餐券走吧？
當然不是，是 Ari 一起帶著問號往前走。malji-malji masalu，謝謝你們走進我的生命。

第一章

排灣女孩

——在高雄都會與台東部落間游移的童年

ari ari kemimin itjen tua tja kaizuanan
anaseljengua a izuwa zalum tja aumaine
ana seljengua a izuwa zalum tja aumaine
ana seljengua a izuwa nga zalum

走吧走吧　我們一起去尋找一個地方
尋找一個平坦的土地
尋找一個有水源的土地
可以開墾定居的地方

——阿爆（阿仍仍）、王秋蘭（愛靜）〈kacedas 曙光〉

在台式街區長大的排灣族女孩

我有很多個名字，張靜雯、阿爆、阿仍仍、Aljenljeng Tjaluvie……這些名字代表不同階段的我，也拼成了你們現在眼中的我。我是排灣族女孩，在家族期望的愛中長大。我在漢人的都會區出生、成長，也不斷重返原鄉部落找根。在這一折一返之間，我漸漸把自己的模樣看得更清楚。

嚴格來說，我的家有兩個，一個在高雄三民區五金街，這是我出生的地方，不過，我的身分證字號是V開頭，屬於台東的區號，那正是我的另個家，台東縣金峰鄉嘉蘭正興部落，這是爸媽生長的地方。

我出生在八〇年代初期，那個時候，並沒有太多部落原住民像我們家一樣往都市發展。爸媽希望我們未來可以到好學區就讀，早早便搬到三民區爲我們融入社會做準備。現在想起來，他們很有移民勇闖異地開拓的精神，而這可能又要追溯到外公了。外公是觀念先進的長者，他認爲做田賺錢太慢，是村內第一批翻過山到台東市去幫傭的人。他很早就跟漢人接觸，甚至會說台語。我家搬到高雄後，他也常搭中興號來看我們，在那個時代，有很多原住民是待在部落，一輩子很少出去的。

外公覺得他不想被傳統綁住，不僅自願走進都市，也不怕放掉手邊現有的資源。當時家裡有很多傳統物件，像陶壺、琉璃珠啊，他都很爽快地賣掉，毫不留戀。或許這在現代看來難以理解，但我認爲每一代原住民處在不同時代氛圍，面對母體文化受到衝擊，都有一套自己的因應作爲，或跟漢人相處的方法。看在現在的我眼中，是完全可以理解的。

因爲爸媽的決定，我們搬進高雄三民區。我從小在鄰里眼中就「超級不同」，膚色黝黑，眼睛大，很「純」的原住民模樣。他們知道我們家是台東搬來的原住民，台語說得很破。那時的高雄很少看到「番仔」，於是鄰居常用這名字喊我，小時候的我並沒有感受到這名稱的歧視意味，在我聽起來比較像是中性的標籤，一直到長大後，我才漸漸懂得，這個標籤其實帶給很多原住民傷痛。

但我一直不覺得自己是番仔。那我是什麼？這個找答案的過程，其實沒有大家想的這麼複雜，我一直不太在乎這些外在給的東西，也不是從小就立志復興原民文化。

五金街是熱鬧可愛的小街，有蜜餞工廠、印刷廠、洗衣店、雜貨店、藥局、蛇店……，很多有的沒的店，這些對我都是文化衝擊。好比說，隔壁蛇店老闆剛好是我同學的爸爸，每天到下班時間就開始殺蛇。他對我家早已見怪不怪，我也常去他家和他的小孩一起寫功課。他們家把透明玻璃鋪在大水缸上，當成孩子的書桌，我們功課寫一寫往下看，缸底就有蛇在蠕動。我家那個區域，就是這麼台的地方。

這些台客小孩，從小和我一起玩跳高，一起看路邊蚊子電影院，一起拿著小椅子去看大拜拜。試想一個畫面，一群在街頭玩鬧的小孩，裡頭有個外表看起來特別不一樣，可是她做的事、說的話、讀的書，都跟別人一樣。從她眼光看出去的世界，她不覺得自己有何不同。

如眞要說哪裡不同，大概就是我在大人眼裡，是機伶聰明與麻煩鬼的綜合體。我們家在舊式公寓的三樓，房東就是蜜餞工廠的老闆，我媽曾經在那裡工作過一段時間，每天蹲在地上搓楊桃，她工作時就命令我，站在她看得到的地方活動。後來她換到附近的印刷廠工作，我們也跟著幫忙，那時期她週末還兼作婚禮主持，我們姊妹就幫忙顧包包。她後來還開了檳榔攤，在家裡經濟最困難時撐起家計。

早年爲了生活，她放下部落傳教士的工作，跟著爸爸到高雄求生存。然而有段時間，爸爸到台北讀警專，媽媽必須一個人工作還要帶兩個小孩，加上我特別好動，生活並不容易。我可以理解，她必須對我格外嚴格，才能確保小孩不走上歧途。

我是那種不愛吃飯，也不愛睡午覺的小孩，我妹則完全相反，乖巧聽話、胖胖的什麼都吃，是討長輩喜歡的小孩。我常會趁她們睡午覺時，溜去樓下雜貨店買糖果，即使身上沒錢我也不怕，還跟老闆說我媽會付錢，轉身就走了。結果當然是被我媽痛打，可是打了我也不怕，還是照去、照吃。

街坊鄰居，尤其是雜貨店的老人家，覺得我是反應快的聰明孩子，不過這和我媽「沒付錢不可以拿東西」的觀念背道而馳。她過去可是在部落裡宣揚教義的傳教士，女兒怎麼可以沒教好？

所以我小時挨打是家常便飯。我妹從小看著我被媽媽追著跑、追著打，可是媽媽都揍不到我，她只好趁我們姊妹一起洗澡時，出其不意衝進來打我，我便裸體跑到樓下空的房子裡躲著，讓她找不到。直到我妹洗好澡、穿好衣服，才帶著衣服來解救我。

與我年齡最近，幾乎是帶我長大的小阿姨，對我也是頭痛不已。據說我小時候很不喜歡去廁所，堅持要在水溝大小便，怎麼打罵都不就範。夏天的時候，我一定要用被太陽照到發燙的水洗澡，不按照我的方式，我寧願不洗。睡覺也一定要在外公肚子上，要求人家幫我抓背才肯睡。

根據小阿姨的說法，我從小「古靈精怪，難以駕馭，很愛折磨人，眞是可惡極了！」身爲小時候常被我荼毒的苦主，她說這話時氣到牙癢癢，但長大後我們感情很好，她就像我的小媽媽，在我媽忙於工作時照顧我。而長大一點後，我是我妹妹靜怡的小媽媽，去同學家玩時一定帶上她，或在學校扮演她的家長，出面幫她張羅各種大小事。

可以說我們家的女人，不分世代，都有條緊緊的線把我們繫在一起。

嘉蘭部落的黃金長孫女

我的童年若以地理區塊來分，可以劃分成「高雄三民區」和「台東嘉蘭部落」兩大部分，我在城與鄉、漢與原這兩種文化孕育下長大。

和那個年代很多小孩一樣，出生後沒多久，因爲爸媽忙於工作，我就被送回部落裡給外公、外婆帶大。部落的生活和高雄當然形成強大對比。排灣族文化注重兩性平權，我身爲長孫女地位可是不得了，非常受寵，連帶著妹妹也一起雞犬升天。我們姊妹倆若在外婆家，可以說眼睛一張開就有東西吃，平常甚至不必落地，有大人伺候著。外公有一台引擎很大聲的農用車，我和妹妹常一人坐一邊，猶如公主出巡般跟著出去兜風。

據說家裡有棵枇杷樹，結的果子只有我跟妹妹可以吃，小舅舅想吃都還沒法呢。夏日午後，大人開始晒小孩洗澡用的「太陽水」，到晚上就可以舒服洗個澡。這個「洗澡水」也是有故事的，因爲我從小遺傳媽媽家族，皮膚容易過敏發疹子，疹子發的時候，用這種被太陽晒一整天的水洗澡，就能止癢消腫，這可是老祖宗遺留下來的智慧。

小時候，身爲長孫女，是眾人付出愛的對象。長大後，這樣的情感連結化成另外一種形式表達。排灣族傳統非常講究長幼有序，所以只要我出現，弟妹輩的一定會讓座給我，以示尊重。當然，我相對也要負起責任，把家人凝聚在一起。過去是媽媽扮演這個角色，她過世後便由我接棒。現在，家裡若有重大事情需要決定，阿姨舅舅們一定會找我商量，而我的意見也會被採納。例如媽媽過世後，我便提議在部落山上蓋一座家族專屬的靈骨塔，安放外婆與媽媽的骨灰，經開會後也得到家人認可。

童年時在部落的生活，奠定了我血液裡排灣族的文化養分，雖然我日後並不會說太多排灣語，但不論走到哪裡，骨子裡一直能感受到那股力量，持續維繫著我和部落的關係。

但有趣的是，等我到高雄讀小學、國中，回部落卻多了一種「格格不入」的微妙感覺。這樣說吧，在都市的原住民，等孩子大到一個程度，回部落就帶有衣錦還鄉的意味。大人會給小孩換上最新、最時髦的衣服回家，像在炫耀和展示——我們在都市日子過得不錯。

孩子還小的時候，眼裡並不會看到人與人之間的差異，但到了這階段，自然而然會生出比較心。部落的孩子遠遠看著我們這群都市回來的孩子，穿著公主式澎澎裙，或腳底踩著會發光的球鞋，有很多好奇，難免也有嫉妒。你問 Matzka（Matzka 樂團主唱）就知道，他和我在同個部落，從小給奶奶帶大，他父親跟我爸爸也是世交。在他記憶中，小時候過年時常見我們這些高雄人，穿著他們從沒見過的衣服返鄉（他們都說：「她都穿不一樣的衣服餒！」），大人出手發紅包也比較闊綽，好像蠻臭屁的樣子。

不過幸好小孩總是很快能打成一片，過年時部落會舉辦豐年祭，利用各種比賽讓小孩進行交流。再大一點，過年回鄉最明顯的差異，就是到了初三，部落裡的年輕人都去參加同學會，人少了很多，但我跟妹妹就沒有同學會可以參加，這是都市原住民最感到矛盾和缺乏歸屬的地方。

這些經歷總讓我想起童話故事的蝙蝠，在四足獸圈沒有歸屬感，也難以打入鳥類世界。我現在看到很多住在都市的年輕原住民，因爲缺乏原鄉的成長經驗，自然而然會到網路社群尋求學習的管道和歸屬，可能是成立粉專或母語學習平台，利用這種串連方式認識自己的文化。這種疏離我很可以理解，也是我後來爲何一直以音樂爲引子，帶領一些有緣分的年輕人在音樂創作和部落生活體驗上找到共鳴。

之前提到的矛盾，也同樣反映在我父母身上。儘管搬到高雄，他們希望能在孩子身上延續原住民的傳統，可是寒暑假我們回部落待久了，回都市講話開始有原民口音，他們又會希望我們改掉。「母語會聽就好了，會不會說不是很重要。」他們是這樣想的。

那個口音像是個蛛絲馬跡，一旦回到都市就強化了我們「山地人」的身分，太過鮮明地在我們與漢人之間切出一條線，像是抹煞他們努力這麼多年，好不容易說得一口標準國語的好成果。你可能很難想像，在那個母語復興還沒在學校掀起風潮時，我是參加過國語演講比賽的小學生。

很矛盾沒錯，於是他們用另一種形式延續傳統，例如，像是有雷達似地，他們總有辦法在高雄都會裡找到排灣族，然後變成好朋友。這些在七〇年代移到高雄的原住民，短短時間就在八〇年代壯大成排灣族同鄉會，有自己一套運作方式，也有理事長。我們去參加會員大會時，才訝異原來身邊有這麼多排灣族，像是平常隱藏在人海中，突然間亮出身分的X戰警。

我們也從小就被教著要吃家裡的東西。你問他們爲什麼？大人總是說：「因爲原住民就是要吃傳統食物，不要多問，吃就對了。」所以我們常吃阿拜（Avai），是小米粉和水後，用葉子包起來蒸煮的傳統食物，也吃過不少山產。原住民一旦回老家，就會帶山上的東西回都市，和其他原住民一起聚餐，大家認爲這樣的互動就是應該的，大人們最常掛嘴上的話，就是「原住民就是要分享」。

他們沒說出口的苦心是，當你處在相對文化弱勢的地位，就是得堅持在食衣住行各方面來讓孩子持續體驗傳統。就像在海外長大的台灣人，父母也會從小教他們拿筷子、吃水餃、過新年，是同樣的意思。

見到黑面三媽還不跪拜

雖然年紀小，但我不怕生，自認爲很能交朋友，不管是原是漢、是台東是高雄，都算游刃有餘。但大約在五、六年級時，我去同學家玩，第一次感受到原漢的界線。

我在學校有很多好友，和所有小孩一樣，會約好朋友下課到家裡玩。有一次，一個好友約我放學去她家，我人都到門口了，她媽媽卻直接把門關起來，告訴我她女兒不在家，可是我明明就看到我朋友在門後面。

第一次遭遇這種事，傻傻的我沒有想太多，只覺得她媽媽不希望我跟她女兒相處。

隔天碰到同學，她說：「我媽媽說你是番仔，說我們不能在一起玩。我也不知道爲什麼，那以後我們約公園玩好了。」

這種現象在放學時很明顯，會有很多家長跟小孩說，要跟「我們」保持距離。誰是「我們」？放眼望去，就只有我跟我妹兩個長得不一樣。

我記得學校有次廣播，要全校所有「原住民同學」到教務處，我跟妹妹一到現場，發現竟然有六個！我從沒想過，會在學校遇到其他原住民，仔細一看才發現，因爲他們膚色較白可以僞裝，只有我跟我妹兩個特別黝黑，藏不住。

也許那個時代的原住民小孩，小小年紀就希望可以低調融入人群，不要被看到不一樣，不要因爲自己不一樣而硬被挑出來。

這是源自我媽媽那一代人，常不自覺會有悲情的想法，覺得人家笑我們，是因爲我們是原住民、我們窮，身爲原住民小孩就一定會被欺負，原住民彷彿是種原罪，這是一種很八點檔的情懷。所以她一直很努力以身作則，拚了命做各種工作把家養起來。爲的就是不要像她一些同學一樣，來到都市工作，最後很可能墮入風塵，做一些「不好明說」、到老年時可能會很慘的工作。

她在印刷廠工作時和同事發生爭執，被同事搶班表，被老闆指使，她也會忍不住罵同事：「你是不是因爲我是原住民，才這樣？」那一代人的原住民認同感，建立在薄弱基礎上。那是因爲，他們大多在努力改善家計、提昇經濟水平，跟現在的我們一直討論「族群認同」，是很不一樣的。他們想談原民認同，前提是得先生存下去。

小我兩歲的妹妹對此應該也有很多心得，她從小個性乖巧，長大後這成爲面對霸凌的致命傷，她不善反擊，傾向自己隱忍，常常回家以後偷哭。我經常會挺身爲她反擊回去，她也有好友是宮廟的女兒，會爲她出氣。

我受到的霸凌也沒少過，但奇怪的是，我從小對這些事就格外不上心。我皮膚黑，有男生笑我是「黑面三媽」（媽祖），我回家問媽媽那是什麼意思，她說那是漢人的神明。隔天有男生再來笑我，我就命令他們跪下來拜我，看到神明還不恭敬行禮嗎？他們聽到全部傻眼，沒料到我會來這一招，無話可說。

撇開這些不談，還是有其他對我們友善的同學或家長。我上國中以後，很多好朋友的媽媽對我完全沒有差別心，也常叫我去他們家玩。我的人緣很好，這些小例子只是反映了那個時代普遍的社會氛圍，以及原住民的處境。

現在網路資訊爆炸，年輕人看似懂很多，相對來說也很容易被煽動或拉走。我都會跟他們說，身爲原住民的好處是，再怎麼樣你都有個根可以回去，你的國族或身分認同，其實是很明確、穩固的。

這是我幼年時處理歧視的方式，因爲本身就不覺得原住民「特別怎麼樣」，所以遇到那些歧視的語言，要嘛我就反擊回去，或者完全不留在心上。回想起來，奇妙的是這些東西並沒有在我人生中構成創傷或負面影響，爸媽也對我的淡定感到訝異。他們以前總拉著我用族語跟我說：「你不要這樣，白浪會笑你。」我會傻傻地想說：「咦，我這樣子，是有什麼好笑的嗎？」

說到底，這不一定跟族群有關係，而是要回歸到本質。

今天就算不是因爲原住民身分，你也可能因爲貧窮、因爲身爲女性、因爲性取向不同等任何其他原因，而成爲社會裡的弱勢。甚至連在原住民的族與族之間，也有彼此看不起的問題。這不是你，而是別人的問題。所以我向來不太理會這些事情，因爲人的生命有限，我不想花太多時間去改變別人，而是把焦點放在有意義的事情上。

我要當個有用的人

我童年時的生命軌跡在高雄與台東之間往返，活在各種文化重疊之處，兩邊都給了我有意義的養分，也造就我在不知不覺中，慢慢走向日後扮演「橋樑」的角色。

我常說，我的座右銘就是「我要做個有用的人」。這裡的「有用」不是指多麼傑出或優秀，而是可以幫助人完成小事。這樣的心態，可能要歸功於我媽家那邊的親人，他們很樂於讚美人。

我媽家族裡有很多小孩，也許爲了有效讓每個小孩幫忙家務，只要誰做了什麼事，誰就是「有用的人」。幫忙劈柴、掃地、唱歌，人人都可以是有用的人。在眾多爲我帶來深遠影響的長輩中，除了外婆和媽媽，我爸家族那邊的大伯也是其中一位。在公職服務的大伯，是從事文化領域的老師，平常抽出很多時間參與教授打獵或植物辨識等知識。他很樂於讚美人，而他的敘事方式是很典型排灣族的。

所謂典型排灣族敘事，就是內斂節制。他們樂於讚美，若要開罵也不會大聲，而是迂迴地表達意見。好比說吧，你今天身上穿著傳統服飾，可是搭配錯誤了，他不會當面指正說你哪裡不對，而是說：「欸，這衣服很漂亮喔，是不是有哪裡不一樣啊？」你自己要聽懂他的弦外之音。

所以排灣族唱歌愛玩轉音，就是跟迂迴的民族性有關，這或許是靠山民族的天性，沒那麼大剌剌。相較之下，靠海的阿美族就和我們相反，他們天性明朗直率，在海邊看多了來來去去的商客，對外來文化接受度也比較高。而住在山裡的人，像是生活在高山構起的堡壘，有多一點曲折的防衛心。

當然，跟所有關於族群的描述一樣，凡事都有例外，這只是我多年和他們相處下來的約略感受。

很少排灣族像我這樣動輒敞開喉嚨笑這麼大聲，所以我常因此被罵。大人覺得我很好笑，但還是要意思意思罵一下，是做給人家看的，不然外人會說：「長輩怎麼都沒教她！」可是我很感謝從小就生得大剌剌的性格，才能活得這麼好。

因爲這種大剌剌，讓我像塊海綿吸收各種養分，創造出更多跨界的可能。像我後來做母語音樂，是這麼偏門、這麼不主流的東西，但好像冥冥之中，上天要把這任務交辦給我。如果媽媽還在世，她一定會說：「上天給你這麼多，一定是要你扮演某種上帝的僕人或傳訊者，這是天主有安排吧。」

當我覺得有種超越人以外的力量在主宰我或支持我時，就會想起媽媽的話。雖然在部落當過傳教士的她，把一切歸給天主是很自然的。但我更願意把它看做某種超凡力量，那是個看不見的、至高無上的神所做的安排，不管中西方皆然。

很多人都在做母語復育。像我認識一位魯凱族老師，和我媽年紀相仿，他從青壯年開始都沒離開過家鄉，一直在國小教傳統歌謠。他這麼執著而辛苦地做這件事，卻沒得到應屬的尊重。我一直很想幫他做採集專輯，未來幫他報名傳藝類金曲獎。

明明是做一樣的事，但像他們這樣做一輩子的人，都不一定能被聽見或認可，我卻何其幸運，可以因爲母語專輯而把排灣文化發揚出去，還可以到紐約、到格拉斯頓柏立音樂節表演。如果這不是超凡力量的安排，那會是什麼？

後來我就把自己界定爲橋樑，若有不同族群文化的人想增進對彼此的了解，我就願意發揮手上累積的人力，把資源串連起來。像二〇二〇年我就去長濱國中的古謠樂舞班擔任音樂導師，和孩子一起玩、唱、跳，還把他們搬到我的個人演唱會舞台一起演出。我要讓他們知道，你可以很自在地學自己的母語文化，把它變成很酷很時髦的事。

我也在台中教育大學的學分班開課，我會把原、漢學生融合在一起進行分組作業，內容是一起去蒐集原住民的古謠。這麼做，是希望他們在尋找過程中可以更清楚看到文化的脈絡。在《Kinakaian 母親的舌頭》專輯裡第一首歌〈找路〉，講的就是身分認同的混淆。我已經跨過去這個階段了，回過頭來很能明白下一世代的心情，在眾聲喧譁的網路世界，要找到自己的文化根源並不容易。唯有實際去體驗、去採集，把自己自然地放在文化裡，它才會在你人格裡扎根，就會「有用」。

我們的阿爆

她的各種不可思議

口述——張靜怡（阿爆妹妹）

我有兩個原住民名，因爲早產的孩子需要平安長大，所以我乳名叫阿尼奈，另一個名字叫嘎拉乳。小時候我走懦弱路線，怕東怕西，因爲膚色黑，容易受到霸凌。我內向、姊姊外向，以前媽媽要工作沒空理我們，她去同學家玩一定要帶著我，她應該很討厭我。她功課好，我功課差，國小時常被老師留下來罰寫，姊姊會代替母親陪我，我媽要工作，從來沒出現過。

我們國中時容易吵架，她以前很兇，直到她先上台北念五專，我才突然覺得姊姊怎麼離我這麼遠。後來我也拿到補助，去念長庚護專，我們感情才變得更好了。

姊姊有創作，都會拿給媽媽聽，媽媽都說好聽，不過媽媽耳盲啦。我聽的主要是編曲跟流行性，但我說的姊姊就不一定會聽，給她意見還會生氣，說：「啊這個又還沒有咪（Mix，混音）好。」（笑）

她做《東排三聲代》，起始點就是爲外婆圓夢，我們給的實質幫助不多，但是很驚訝她沒學過音樂，卻可以做出這麼多東西，尤其在製作《vavayan. 女人》專輯時她開始作曲，我覺得不可思議。

我們家一直有經濟壓力，媽媽工作沒停過，從印刷廠到婚宴主持，後來開了檳榔攤。約在外婆過世前住院期間，媽媽也開始癌症治療。我們家女人多，也比較有責任感，大家團結起來輪流擔任照顧工作，姊姊負責陪她聊天，我因爲從事醫療工作，擔任起專職照顧者的角色。

媽媽癌症前後治療八年，一開始她終於承認不舒服，要去看醫生時已經被診斷第四期了。她怕影響我們，忍了很久都沒說，直到影響到淋巴，手臂腫到無法洗澡，才叫我們帶她去醫院。

她本以爲再半年自己生命就會到盡頭，不過八年就這樣過去。我曾帶媽媽北上看姊姊在金曲獎的現場表演，心裡想的是：「天哪！她怎麼不會怯場！」不過這是她天命該做的事，我們慢慢的就習以爲常了。

找路

第二章

——出道、得獎、暫別流行圈

cemalivat tua djalan anga imaza,
inika cemeget a ku maca lja tua djalan.
tima paljapatjiak tjanuaken?

走遍這裡所有的路
眼睛還是看不見前面的路
有誰可以牽引我

——阿爆（阿仍仍）、王秋蘭（愛靜）〈mainu sun 找路〉

念護專的日子，開了另一種眼界

小時候大家對我的評價就是「很聰明」。我有很多叔叔伯伯會來家裡拜訪，記得有個叔叔是開統一麵包車的司機，他的工作內容就是開著車到處送麵包。我記得他會特地把車繞過來，停在我家樓下，拿麵包給我爸。因爲那時候麵包都會附贈玩具，他跟我爸說：「你小孩很聰明，我每次給她玩具，她都可以很快拼好。」我想，他應該是沒見過眞正的聰明人才會這樣說吧。

又或者，聰明可能在我身上，以另一種形式展現。

如果沒念護專的話，我應該會考上公立高中，然後不靠加分念到大學。我爸在我幼時開計程車，三十七歲才去考警察學校走入公職，他是希望我念大學的。但我們家境並不好，媽媽爲了生存，換過很多工作，公職或一般公司的工作，對她來說太抽象、太遙遠。她擔心我以後出路有限，叫我去念長庚護專，那是近在眼前的方便考量。

回想起來，我們的確會因爲身爲原住民，而被加諸許多刻板印象，話是這樣講，但我也一直都是因這個身分而受惠的人。國中畢業後，我媽叫我去考長庚護專，那間學校幾乎是原住民的第一志願。爲什麼？因爲在甚至國立大學學費都可能是一筆負擔的情況下，長庚護專一進去就學費全免，還有許多打工賺錢的機會，畢業後也不必工作償還。

我參加了一九九六年第三屆長庚護專的獨立招生，成爲村子裡第一個考上長庚護專的學生。那時一個年級有二十個班級共約一千名學生，原住民就佔了一百多個名額。能參加獨立招生考進去的，多半都是排名原住民前百分之十，大家都很認眞念書才拚進來的。

王永慶成立長庚護專的用意之一，就是讓原漢界線更模糊，也幫助原住民早日融入社會，所以原住民學生會被平均分散到各個班級，一班約七到八個人。在長庚護專的五年，我的確開了眼界。原來啊，台灣有這麼多來自不同地方的原住民。也打破我一個迷思，原來啊，原住民不見得了解原住民。

不禁讓我想起我媽常說的一句經典名言：「我們原住民都不知道自己有幾族，你們漢人考試還要全部背出來！」

跟漢人相處，我很有經驗，但一下子跟這麼不同的原住民當同學，我還眞是得重新學起。在這些原住民中，阿美族很常見；布農族是超級慢熟；蘭嶼達悟族說話的口音，就是有自己的味道；鄒族的基因據說有荷蘭血統，所以五官高聳；但賽夏族是我這輩子第一次見到，他們的女生五官好精緻，每個都是美人。

在長庚護專，我才知道其他原住民是長這樣，並且這樣生活的。

有趣的是，當來自各地的原住民首度在學校碰頭，除了族裔和部落這種很明顯的小圈圈，另一個展現身分差異的方式，就是「都市vs.部落」。原住民這樣的對立，好像童年的事件重演。我們看著其他原住民，理應像看到自己的倒影，不都是台灣社會裡的少數族群嗎？儘管這樣，我們還是會對彼此有差別心。都市長大的，看不起部落來的，部落來的覺得你怎麼忘了本。

好比說，以前我們住宿生想打公共電話，就是要排隊，等待的同時你也常會聽到別人說話。如果你是部落來的，打電話回家會用母語講，對我們來說這是正常且理所當然的事。可是換到「都市原住民」，他們會用國語講，甚至已經不會用母語說話，這時候雙方就會在內心有各種 murmur，可能是「我好羨慕她可以用全母語聊天！」和「她怎麼都不會說母語？」有一條看不見的線，隱隱劃開了我們之間。

我比較像處於兩個圓圈中間的交疊地帶，因爲我同時有都市與部落的成長背景，使我看得出他們的差異，知道他們在意的點，而我熱愛交朋友的個性也可以扮演他們的橋樑。

其實，部分都市原住民，他們對自己的身分會缺乏安全感，他們不想被人家看到他們不懂原住民文化這件事。他們從最早的部落生活圈遷移到都市，體驗到從部落的傳統和教會系統被解放出來的滋味，好像到了都市，他們才能當自己。一到過年過節返鄉時，他們又得乖乖當回部落的孩子。

這樣不斷在城市與部落之間切換，已經是現代原民必須面對與適應的生活方式，有時矛盾，有時焦慮於何時可以安身。而我所做的就是聆聽，或給予他們想學習的資源。

很多原住民認爲漢人看不起我們，可是我覺得不只是漢人，連我們也會看不起彼此，所以得要先解決自己的問題才是。我的方式是，我不可能改變別人，但可以從磁場相近的人開始改變起。

原民身分也會帶來意外的驚喜。長庚五年校園生活，我們常會參與很多社團活動或校內比賽，在某些特定社團，原民籍的同學反而特別吃香，大家搶著要延攬我們入社。以我加入的熱舞社來說，那時因爲大量接觸黑人音樂與舞曲，這些都成爲日後我創作的養分，我黝黑的皮膚、活潑的肢體，過去可能是刻板的負面印象，到了熱舞社反而令眾人羨慕。爲什麼？說來可能政治不正確，但我不論外型或穿著打扮，都更符合大家對黑人文化的投射。因爲這樣，在一些全國性的大專盃比賽，我們也因爲擁有高比例的原民女孩而被其他學校記住，在這樣特定環境中，黝黑膚色反而像一種加分，一種優勢。

除了熱舞社，也有原住民族團康社團，固定到部落做些服務，協助山區或部落的健檢與衛教，我們社團會練習傳統原民舞蹈，在成果發表會時也會看到各族的傳統服飾。我以前在台東、高雄接觸的族群，以阿美、排灣、布農居多。而長庚時期，應該是我第一次看到台東、高雄以北的族服。這些泛文面族群（例如泰雅、太魯閣和賽夏）的服飾有許多相同之處，例如代表祖靈之眼的菱形圖紋，由貝殼、獸牙或種子做成的配件，用色以紅白居多，主要運用編織手法製作衣服等。

一開始我們會亂猜「你一定是××族吧？」結果往往猜錯，後來學姊教我們一些辨認方法，例如：太魯閣族大多白色，摻以螢光粉、綠的菱形紋；賽夏族則有特殊的雷女紋。我也開始知道，即使是同一族群，可能因爲居住地方不同，服飾也有所不同。後來我明白，我對於族群眞的懂得很少，所以不要再裝懂，才不會出糗啦。

所以說到我眞正的文化啓蒙，就是在長庚發生的。雖然我從小到大一直都在原漢混合的環境中生活，但在長庚之前我沒有太強的使命感，多半屬於觀察者角色。但大學時期，和不同族群的原住民相處，我好像真正有了意識，覺得可以做點什麼。

我之後陸續做了這些事，其實都是等別人邀請、等世界邀請，一步又一步，走到今天這個地步，自己也是從最初的懵懂，到逐漸清晰一些。

在長庚護專那五年，護理知識還沒有深化之前，我倒是先好好學到「你所不知道的原住民」這一課。

護理師人生，見識到各種生死無常

我是先學習當護理師，才學會當歌手的。

要說實話，念護專時我並不喜歡護理相關的學習。簡單來說，很累，高壓的工作環境對身心有害，也常導致工作出錯。一般工作出錯或許還可補救，護理工作出錯，可是會死人的，太可怕了！

但是我記得我的導師曾說，我很適合這個工作，因爲我愛觀察人，也愛與人聊天。後來我在中醫診所工作時，病人也很愛跟我哈啦，他們覺得不管說什麼，我都會回應。對我來說，他們講、我就聽。也許我天生就有傾聽和與人交流的能力。

我記得有堂課叫「公衛實習」，就是兩個同學一組扮演行動衛生所，到獨居老人家裡去協助量血壓或簡單照護。現在想起來有點危險，就我們兩個女生，搭公車加走路到桃園龜山的陌生人家裡，萬一出了事怎麼辦？那時照顧的是位獨居阿伯，我們兩個小女生大老遠去他家幫忙他。看到他生活的樣態，我開始思考，如果以後我老了，家裡沒人照顧我，也排不到護理人員，該怎麼辦？

後來我發現，他們需要人照顧，更需要有人陪說話，我們人一到，就得硬著頭皮跟他們聊天。可以說我的聊天技能，就是從這次開始訓練來的。我記得那時也有其他外勞很喜歡我，還送我炸香蕉。到頭來，我發覺人都是一樣的，需要陪伴、需要被傾聽。記得最後一次去照顧阿伯時，他很捨不得我們走，要把他的電話留給我們，說要收我們當乾女兒。我心裡想的是：「你確定嗎？乾女兒不都要白白淨淨很漂亮，可是我黑黑髒髒的耶！」

念護專的時候，另一個令我印象深刻的，就是去精神科病房實習的經驗。我們一般人對精神科都有刻板印象，以為他們話說一說就流口水或答非所問。我去的是軍醫院裡的重症病房，護理站全都用防彈玻璃圍起來，可以想像重症病人發作時，危險性就是這麼高，必須要送醫治療。

用藥時間到時，病人必須排成一排領藥，我們要檢查他們是否真的吞下。如果是資深護理師，火眼金睛一看就會知道，誰把藥藏在舌頭下或口腔其他部位，就像電影裡演的一樣。

有時病患一旦被發現，也可能會突然抓狂。這樣的經驗讓我知道，如果我們讓一般人看到這些過程，大家就會明白，家有精神病患並不丟臉，而是必須帶他們去就醫才能得到控制，也可以減少不必要的悲劇發生與社會成本的支出。

我們要花一個月的時間去訪問病患並記錄過程。多數病患是兩人一間，但我印象很深刻，有位病患是一人一間。這位病患是高學歷人士，外表看起來跟常人無異，我每次去看他時，他都坐在採光良好的大窗戶旁看書，很悠閒，彷彿在什麼咖啡館讀書一樣。因爲每一期都有不同實習生來訪問他，他已經非常熟悉SOP，態度總是從從容容的，卻也不會特地打招呼。

我第一次去看他時，因爲外面很吵，便順手把門帶上。等我帶上門，接近他時，他冷冷看我一眼說：「你跟精神分裂患者同處一室，這樣會有危險喔。」

我只好「喔」一聲，心裡的警鈴大作，再故作沒事，默默去把門打開。他是因爲服了藥才獲得控制，我卻也因此失了戒心，以爲他就是個坐著看書的中年人。但聽他冷靜說出這件事時，內心受到的威脅感卻更重。

那是我去實習的第一週，後來我就會一直記得把門打開了。但我也因此對精神病患有不同認識，看到他們服藥前後的差異，或是躁鬱跟憂鬱的不同，他們其實很辛苦，長久生病的人，因爲長期服用藥物的關係，造成動作遲滯，人生受到很大影響。

念護專的生涯爲年紀輕輕的我，開拓了全新不同的視野。第一次照顧獨居老人、第一次訪問精神重症病患，又或是第一次看到死亡，才覺得，我早上還廢廢地、開開心心去上班，八個小時後就要處理好幾個人的死亡；或是病人上一秒還好好的，下一秒就休克，這工作壓力也未免太大了。

我看到無常以及人的脆弱，卻也在另個方面，讓我變得更堅強。生命太短，不要浪費時間，不要怨天尤人。

從校園風雲人物到金曲雙人組

護專時期的回憶，也不全然都是這麼沉重。那時候沒有什麼「維護學生權益」的保護觀念，我跟同學都會彼此灌腸、彼此打針，打打鬧鬧的，感情都不錯。

青春期就是這樣，玩啊鬧啊的，雖然工作上早早看多了生老病死，可該享受玩樂的，還是認眞體驗。我們學校在林口，周圍實在很無聊，沒有什麼好玩的地方，學校爲了不讓學生太躁動，就舉辦很多舞蹈、唱歌比賽。Brandy（田曉梅）跟我是同學也同寢，我們兩個既是舞蹈社成員，也常常上台唱歌，後來同學幫我們倆報名了電視歌唱比賽，上了《電視大國民》、《殘酷舞台》等節目，也認識了憲哥、詹哥（仁雄）和偉忠哥。

那時候燙爆炸頭的女生本來就不多，加上我個性活潑外向，給人的記憶點很高，很快得到偉忠哥青睞，把我介紹給當時開「有魚唱片」的李亞明。那年我十八歲，正式和有魚簽了約，當起正式員工。

我沒有和媽媽說，因爲她當過走唱歌手跟婚禮主持人，她會擔心這樣的工作，生活不穩定。可是這次我好像回到童年那個，想做什麼就堅持要做的小女孩。這一次，我想按照自己的心意行事，在護理職涯中留有另一種可能。

簽進「有魚」，當然不是一開始就可以閃亮發片。那時候公司流行跟三立偶像劇搭配主題曲，走的是精緻包裝路線。我們倆在典型美學標準裡，還算不上漂亮好看，離那樣夢幻泡泡的世界還有些現實的距離。後來老闆說，既然你們懂創作，也會寫歌，我們就把這當做加分特色。

記得那時我們花上兩個月的時間，被關在專輯製作人位在汐止伯爵山莊的家裡，目標就是要把新專輯的十首歌寫完。乍聽很像 Netflix 上的什麼被囚少女紀錄片，但我覺得那時的訓練對我來說很好，在無形中爲我現在的工作打下基礎。有很多歌手走的是傳統的「收歌」模式，你收到的歌，都是別人篩選過後給你的，但歌曲跟自己的連結並不是很強烈，藝人本身也只是經過包裝後的產品，以現在的話來說，就是由唱片公司幫你做好「人設」，你乖乖照做就是了。

但不管是「創作」或「包裝」路線，我兩種都經歷過，我很慶幸我多學了貼近創作的東西，對於我這種「有話想說，就會設法說出來」的個性，是很好的使力工具。

當然啦，另一個好處，就是自己會寫歌跟作歌的話，唱片做起來很省錢啊！

發行首張專輯前有先試作幾首歌，也跟當時最紅的製作人黃怡和馬毓芬合作。我們的專輯生在類比與數位錄音交界的時期，也需要自己唱和聲。一開始我以爲這些都是正常的訓練，但後來我出去開始走跳時，才發現原來不是每個歌手都能參與這麼深。那一張專輯背後的努力，讓我們硬是比其他歌手多學很多東西，我遇到一些前輩，都說我們底子打得很好。

當然也不是一帆風順，你在做國語流行歌曲時，公司會灌輸「你就是最特別的舞台之王」，反正就是老闆說了算，因爲那時年輕，雖然內心有很多疑問，卻也沒有多想，現在我比較懂，你其實不需要那個樣子去撐一種價值，如果你眞正有東西可以給予他人，別人自然就會尊重你。

二〇〇三年我們發表完《阿爆 & Brandy 創作專輯》，我空了很久，老闆後來還叫我去幫另一個工作人員做幕後，一週幫他寫一到兩首歌，有時還會指定風格。可能因爲我聽得懂老闆在說什麼，他便持續讓我跟在身邊，跟著他去開會，參與各種製作。老實說我當工作人員比較自在，後來重新要當藝人再出發時，反而適應不良。這圈子很現實，有時候甚至殘忍，我知道很多記者或工作人員這麼做，只是在盡本分，但這和我的價值觀是互相牴觸的。

例如有的訪問，會刻意挑撥我跟 Brandy，問些尖銳的問題，上節目時，也會被開很多刻板印象的玩笑，例如說我其實是黑人吧等等。其實我從小到大因爲膚色黑，常被開玩笑，也很習慣了，但偶爾也覺得怎麼可以那麼沒創意?同一個笑話講那麼多次不煩嗎?欸，結果他們還眞的不煩。我在內心默默告訴自己，如果這工作註定以後都要這樣被問的話，我應該不會太喜歡。

當然也有快樂的部分，我記得有個主持大哥很特別，他很喜歡我們，覺得我們唱歌好聽。上完他的節目，他立刻暗示製作人，可以邀請我們再來上第二次。張菲的《綜藝大哥大》，當時最紅的「音樂教室」我們也上了幾次。我們長得又不是多巨星，被 cue 出來就是上台賣歌喉啊。他每次都會請我們唱現場、唱老歌，我們也總能不負眾望炒熱氣氛。那個時代有很多國外藝人來台交流，我上菲哥節目最大的收穫，大概就是我曾和安室奈美惠同台吧！

得獎隔天面臨現實，踏實重回護理圈

出專輯後的故事大家應該都耳熟能詳，我們拿下第十五屆金曲獎最佳重唱組合，同年入圍的有B.A.D.、Energy、S.H.E.、TENSION，名單攤開都是當年極紅的偶像團體，實在很榮幸。印象最深的是，那時頒獎典禮在國父紀念館，流程安排有夠討厭啦！一宣布得獎，我們就衝上台致詞，邊講邊哭得唏哩嘩啦，妝都溶掉，卻馬上要在現場演唱專輯歌曲，就是「狼狽」兩個字，唱歌音還飄到回不來，真是不知該哭還是笑。

我記得我領獎完時，亞明哥很高興說：「好啦，我們來籌備第二張！」但公司那時正在轉換合作夥伴，新夥伴以專業經理人角度來做唱片，帶入更多商場的現實考量，和亞明哥的理念不合，就這麼戲劇化的，公司在金曲獎隔天解散了。被捧上天又狠狠摔回人間，應該很難找到比我們更慘的遭遇了。

事後回想，那時我們像小白兔入叢林，學了很多東西，卻也提早嘗到人情冷暖。公司解散那天我回去幫忙打包封箱，還要故作歡欣講笑話逗大家開心，我記得還有記者，要我同時拿著金曲獎盃跟搬家紙箱給他照相。只能說，那時的演藝圈，提早讓我們這樣的社會新鮮人，感受到人情的曲折。

我和 Brandy 至今仍是好友，不過那時年紀輕，在那樣的環境下難免會有磨擦。她天蠍座，不說話時臉很臭，我從小就在很多人的環境中長大，不是那麼成熟，個性恰好很吵、愛熱鬧，大剌剌的很脫線，但比較願意配合做效果。如果人家有要求，我就很白目說：「好啊，那就一起嘛！」但她卻做得很不甘願，久而久之，外人眼中的我好像很好相處，但她的內心卻來到臨界點。後來我們徹底攤開來說，也就冰釋前嫌了。因爲她很清楚這點，公司結束後她就毫無懸念轉幕後。她同樣對護理沒興趣，只有音樂，能讓她全心投入。

至於我又要往哪去？我媽是個信仰堅定的人，她給我的教育，就是在一生中，人能夠決定的只有一點，其他交由更大的力量去決定。這點我很認同，我很少鑽牛角尖，多想也沒用。人生的每一步都是棋局，如果那隻移動你前進的手，決定你現在就要移動到這裡，那你就接受安排。不管念護校、出專輯、離開音樂圈、做母語，我都是抱著這樣的心，好，我聽從召喚，既然都走到這裡，就再努力一下，等下一波浪潮來，再把我帶到其他地方。

算是種「積極地隨波逐流」吧，有這樣的能力很重要，尤其在演藝圈這環境，你除了有才華，還要有這樣隨遇而安的人格特質。

離開唱片圈後我很認分的回去念二技，就是台北護理學院（現改爲護理大學），說實在的很無聊，畢業後我就在學校附近的中醫診所工作，這份工作單純，不必擔心什麼傳染病，也有時間讓我準備考試，我那時打算進修考學士後中西醫，所以工作上能盡量省事，就不要耗費過多體力。

如果不是原民台找我去主持節目，我大概也就繼續在醫院當護士，可能內心始終有所遺憾，但好歹我也鍍過金、燦爛過了，生活還是有現實面要顧，你要找份能養活自己的工作。

原民台拾主持棒，牽引我走回原鄉

可能老天不想讓我白走音樂圈這一遭，二〇一二年，原民台看我有舞台經驗，便找我去主持節目。於是我週一到週五在診所上班，週末進攝影棚錄影存檔，過起了忙碌的雙軌生活。

我媽大概又鬆了口氣吧！父母都不希望小孩去複雜的環境工作，原民台相對單純，也不會影響我上班的時間。

在長庚與其他原民族群交流，打開我通往原民文化第一扇窗；而在原民台像是得到另一個進修的機會，我開始覺得，原民文化值得讓更多人認識。在我成長背景中，認識的都是做音樂的人，例如我外婆、媽媽，或是排灣族其他名人。但原民台帶給我最大的刺激，就是認識更多做文化的原民菁英，一下子我接觸了很多來自不同族、且正在做不同傳統藝術的人。我最大的感想是：「這東西怎麼這麼厲害！原住民這圈圈，也太隱蔽了吧，知道的人這麼少。」

跟過去的經驗一樣，我一下子又被帶入一個原住民專屬的大千世界裡。

有次我們訪問噶瑪蘭族一位長者潘烏吉阿嬤。由於噶瑪蘭族在二〇〇二年才正名，當時大眾對這麼新的族的認識很少，可以說是一片空白。噶瑪蘭有一項特色工藝，就是用香蕉絲編織，他們取香蕉的假莖，刮除雜質、曬絲、分向、接線、整經後，再把它織成布料、衣服等日用品。潘烏吉阿嬤就是少數唯二（另一位是潘阿玉）還熟悉這項傳統工藝的長者。

我印象超深的是，一般上節目介紹傳統工藝，來賓都會秀圖片或以半成品來展示，可是她爲了讓大家知道香蕉絲是如何剝製而成，就扛著一個香蕉樹幹，從花蓮新社搭公車、轉火車，千里迢迢來到台北內湖的攝影棚，要實際操作給我們看。部落的老人家就是這樣的，今天既然要上電視接受訪問，我就只會用我最熟悉的方式去參加。

電視台的工作人員都是原住民，其實只要跟我們說，我們就會去準備，不必這樣兩位老人家扛著活生生的香蕉千里而來。但你跟他們這樣說時，他們會說：「台北可能沒有香蕉啦！」那根香蕉樹幹露出的時間大概不到一分鐘，我就坐在那邊聽她們講香蕉絲，深深的被打動。

我遇到很多這樣純粹的善意，這樣純粹想把文化展現給你看的心，大概就是這份工作最迷人的地方，讓我接觸到很多珍貴的人。

我遇到很多文化老師，他們教唱、教傳統技藝，做的事情非常偉大。我們多數人看到他們這樣，會很直覺的想說：「你會這個，可以變成國寶，參加比賽啊！」或是：「你就放上網路，很多人就會看到啊。」可是對他們來說，他們就是想要一直待在原鄉，因爲那才是自己的地方。然後他們繼續傳授，就算只教會一兩個人，就夠了。

現在我們人人想辦法生存，做事情要最快最有效率，但常常會忘記哪些是基本、哪些才是最重要的事，是他們幫我們守護著這些文化的根。

我也遇到一些返鄉青年，有的甚至比我年輕，仍願意待在部落。大家覺得你應該要去都市打拚啊，那邊底薪、資源都比較好。可是這些年輕人很知道自己要幹嘛，價值觀確定，即便遇到質疑也不動搖。

好比有一對年輕夫妻，之前在花蓮開西式餐廳，突然想回部落開餐廳，大家都嚇一跳，想說這也太考驗原鄉口味了，你們這樣要怎麼過活？但他們就是努力思考怎麼轉化食材，想待在家鄉繼續下去。後來我的ＭＶ〈嚇一跳〉就有請他們從屏東上來做菜、入鏡。他們的想法就是：「我今天想要做這樣的事，也沒有什麼摸不摸索，回鄉先找個房子開始住就對了。」

他們雖然辛苦但踏實自在，這點影響我很深，因爲自在是我人生最終極的目標，自在就是不管你走去哪裡都像自己。賺錢很簡單，做個小工都可以賺錢，自在卻是可以讓你理所當然 settle down，百分之百的自在。

我開始主持以後，一天會錄四到五集，每天都會跟我媽分享今天錄影又發生什麼事、認識什麼人。我媽常說：「原住民其實都是一樣的。」她年輕時參加文化工作隊，所以對這部分也有了解。我媽的字彙有限，不是很會用中文表述想法，但我知道她說的「一樣」，核心意義是什麼。好比說，提到傳統規範，泰雅族稱之爲 gaya，他們喜歡用歌曲來做遷移的紀錄、抒發部落的故事。當主持人久了，閱歷變多了，我才發現卑南族也有類似的歌曲。還有原住民只要遇到好事，不管是結婚、生子、蓋房、結拜，大部分都會殺豬慶祝，這種慶祝的場合，也都是類似的。

我後來做母語，其實並沒有什麼「要讓排灣族發揚光大」的使命感，可是我做的所有事，就是希望能扮演一個平台，讓很多很好的技藝、很好的聲音、很好的傳統，都能串流，再度發光。因爲我們是那麼不一樣，卻又那麼一樣。

我們的阿爆

有她在就永遠不無聊

口述——朱小靜（長庚護專同學）

阿爆是個搞笑的人，大家對她的印象，就是上課很愛睡覺，很常打瞌睡到頭狂繞圈圈，我們都笑她在繞著地球跑。

她也愛吃東西，沒辦法餓肚子，曾經餓到氣哭，對我們大喊：「爲什麼你們都不給我吃飯?!」啊餐廳就還沒開啊！

阿爆天生就人緣好，容易交朋友，老師也喜歡她。通常原住民都很活潑，她又格外不怕生。以前學校之間會辦聯誼，她就屬於沒有形象那種，很當自己。她後來開始參加校內歌唱比賽，或去熱舞社，因爲天生舞感就好，不必練習就可以打趴所有人。

我們以前住校，生活很無聊，但阿爆那間寢室永遠不會只有四個人，她們會一起練舞、偷偷玩牌、講鬼故事，突然站到上鋪開演唱會，做一大堆好玩的事，就是沒有在讀書。

或是想一些很奇葩的運動方法。好比說，我們的床分上下鋪，她會把腳卡在上鋪欄杆，頭垂下來再往上拉，像健身一樣，力氣超大。到底有誰會這樣玩宿舍的床？

我們專科時期的友情很穩固，幾乎二十四小時都在一起。這一夥七、八個人，中心人物就是她。她常常會發明一些有的沒的事情，像是抱著我，把嘴噘成章魚狀，然後吸上我臉頰，我的臉還因此被吸到烏青。

頑皮、鬼點子多，但她其實很照顧人。專科時我們遇到九二一，很多同學衝到一樓，被地震嚇哭，她會安撫大家，也會搞笑一下舒緩氣氛。她就是會在這種情況站出來掌控全局的那種人。

暑假時她會邀請我們去部落玩，參加豐年祭。老實說，我們並沒特別深入了解原住民文化，但是看到她媽媽，你就明白她的活潑鮮明從哪裡來。那時候我屁股比較大，她媽媽會跟我說：「小朱你以後不必擔心交不到男友了，你看你屁股那麼大！」雖然這樣說，但你不會覺得被冒犯。

她個性大而化之，天生就有一股難以忽視的氣場。以前說話比較直接，不過同樣一句話別人講，你會覺得被冒犯，她講的話，一切可以哈哈哈過去。

後來她跟 Brandy 去上憲哥節目，班上同學都會去現場加油，團結起來爲她們打氣。

她後來去中醫診所上班，也幫忙拉了很多客人去，大家會去看醫師，順便找她聊天，再一起出去玩。她總是很有長輩緣。

我看到她後來又走回音樂圈，眞的很感動。我也會這樣跟小孩說：「你一定要找一個喜歡的事，不管再辛苦都要繼續做下去，就跟阿爆和 Brandy 阿姨一樣，把一件事貫徹得很好。」

本來沒有那麼多人在做原民母語音樂，但有了她的堅持，讓大家越來越注意這件事。她的歌沒有國界，就算你聽不懂排灣語，聽到〈Thank You〉一下子還是起雞皮疙瘩。我不信上帝的，但我依舊覺得這首歌感染力很強。

現在的她是被抛光的美石

口述——Brandy（前搭檔、長庚護專同學）

我們在長庚護校是同寢，大學時候讀書是次要，大家都各自找喜歡的事發揮。我們音樂品味相近，又都參加熱舞社，很自然就兜在一起。那個年代流行嘻哈、R&B，算是我們音樂的啓蒙，其實感覺跟現在有點像，好像復古風轉了一圈又回來了。

我是害羞內向的人，但是深深被音樂表演給吸引，只要進入表演，我就會忘記害羞。阿爆屬於舞台型的人，舞台對她來說是自然的存在，甚至連朋友之間的相處，對她來說也是展現的舞台。看她做什麼事都很好笑。

我們以前做過最瘋狂的事，大概就是幫她燙頭髮吧。她原本是一頭長直髮，我提議來燙成黑人頭，她也不會捨不得，就說好。我們幾個窮學生沒錢又想要很炫的髮型，就跑去醫院地下街買冷燙液，再用小黑夾做實驗，一個一個卷她的頭髮，整整上了兩天才弄完。沒想到小黑夾不適合當髮卷，很難拆開，她就頂著充滿髮夾的頭髮去上課，也不在乎。那顆頭把我們教官氣死了，因爲她身上總有個東西不合格，再加上新頭髮，就是一個眼中釘。

但阿爆最大的優點就是很放鬆，她對新事物的心態很開放，不會去預設失敗。

我從小學古典鋼琴，念了長庚、又簽了唱片約，我後來很堅定這是我要走的路，爸媽也逐漸接受。剛入行時我們受了很多訓練，郎祖筠老師教我們肢體，李俊廣老師教我們寫歌，鍾興民老師教我們錄鋼琴、怎麼跟音樂人溝通、混音、寫歌，接觸到很多製作面，可以說遇到貴人讓我們嘗試了一輪。

阿爆很適合站台前，她反應快，遇到誰一次就能記得，用現在的話就是「擔當」；我則是發現自己並不適合當藝人，擅長幕後，把小時候學的音樂發揮在創作上。她最明顯的優勢是只要有她的加入，音樂就會變得很有活力，產生不同火花。但我記得她也曾寫過一首歌叫〈獨唱〉，流露了她內斂的心思，那是我寫不出來的。

我們出片時才二十歲，個性上還沒成熟，彼此都還在摸索，太快進到這圈子，對需要安靜的我來說難以適應。我們的步調開始出現拉鋸，因爲娛樂圈太看表面了，當你沒被看到內在，又在很短時間被別人定義，會覺得力不從心，於是我們目標漸漸不同。有她在的地方，氣氛就很熱，她只是順著她的個性走，但我一旦跟不上，就會感到吃力，她可能以爲是我不想配合，但這都不是我眞實的樣子。

唱片公司解散，我的確覺得鬆一口氣，那就有點像疫情發生了，使你不得不停下腳步思考。於是我就跑去做擅長的幕後，看起來勉強，其實是順勢走上該走的路。她那時原本有很多機會冒出來，受的影響比較大。

得獎這件事，當時眞的太年輕了，棒是棒，但覺得爲什麼？憑什麼？我們眞的什麼都不懂。

分開後我們一直都有聯絡，她又回去念護校進修，也是摸索的過程。我佩服的是，她已經當過藝人，知道自己喜歡音樂，仍放得下身段回去念書，去診所上班，這是她對事情一貫的開放態度，她覺得：「好啊，有機會我就去念啊。」

阿爆現在的成功，都跟她的開放心態有關。她沒有主觀意識想要掌控很多事，她的專輯結合很多現代音樂人的思維，很棒。

一般族人對母語若有使命感，照以往的作法，會做得很用力、包袱很多，但思想可能因此受到箝制。阿爆的專輯可以這麼豐富，是因爲她樂於嘗試，跟黃少雍、荒井合作，不設定它一定要怎麼走，有這麼多很棒的人一起推出這個成果。

我本身是阿美族，我對原民身分認同並不是特別強烈，只覺得我跟大家一樣，沒什麼比較好或不好。我之前跟部落的同學做過一張母語專輯，那位同學看到阿爆得獎，也跟我提議說他想拿金曲獎，不如我們一起再做一張。但我覺得當你對族人或獎項有所期待以後，在藝術上的發揮也會受限。

我很喜歡《vavayan. 女人》那張專輯，但它有點可惜，大眾市場沒有在第一時間抓到它的特別之處。它比較像外國專輯，去國外唱時反應更好。

像那屋瓦部落採集這些事，我們看了累，卻是她喜歡的事，否則她不會順水推舟去做。她和先生兩個結合起來，眞的行動力破表。

至今阿爆不變的是她的赤子之心，永遠那麼有活力、有好奇心。隨著時間淬鍊，她從以前的急躁，變得柔軟溫暖，像是被拋光的石頭。

她是人才，不管到哪都會成功

口述——莊世鳴（定傳中醫診所醫生，前老闆）

我跟阿爆在前一家診所共事過，後來我自己創業，就把她挖角過去了。她起初看起來很酷，但跟患者互動熱情開朗，處理事情很有方法，思維清楚，對診所的營運很有幫助。

診所常有無理取鬧的客人，等到不耐煩要找人吵架，阿爆總有辦法幫我處理掉這些事。她會說：「看病本來就是要等，不是你吵鬧我們就要給你看。那你還要不要看嘛，跟我說，我幫你保留掛號還是砍掉，都可以。」她很懂得解決衝突的方法，讓事情完美落幕。

基本上在小診所，她什麼都要做，既是行政也是櫃檯。我們剛開業時需要建立制度，她會主動幫我設計表格，那些表格我都沿用到現在。

阿爆對患者很有親和力，來上班每天都嘻嘻哈哈。人家認出她之前出過唱片、演過短劇，會問她說：「你不是阿爆嗎？」她會說：「對，我就是。」絲毫沒有角色轉換的尷尬。患者喜歡她，還會請她到家裡吃飯。我到現在每年診所尾牙也都還是會找她來聚餐。

若說身為員工有什麼缺點，應該是她早上爬不起來，一個月會遲到好幾天，這對人手本來就不足的小診所來說，有點麻煩。但我認同她對工作的認眞與熱情，她在這一點的表現足以抵掉常常遲到的缺點。

她對什麼事情都有自己的想法，對於我的作法，她不會照做，甚至會建議更好的方案，我說到一，她會立刻想到二跟三，她是很好的企劃人才，不管做什麼職位、行業，都可以有所發揮。

那時她偶爾會跟我說，想把外婆的傳統歌謠留下來，想怎麼怎麼做。我一直覺得她離開我們這邊也是遲早的事，她用自己的方法才會成功，會闖出點什麼，一切只是機運問題。

第三章

外婆、母親與我

——三個女人的族語音樂三部曲

inika sun napacun tjanuaken,
ljakua a ku varung i tjanusun,
langedau... langedau...

lemangeda sun tua ku kai,
kiljavaravaran aken tjanusun,
langedau...

即便你從不曾聽聞於我
但我的信念與你同在
聽著吧……聽著吧……

你聽著我的聲音
我都不停地在對你說話呢
聽著吧……

——阿爆（阿仍仍）、王秋蘭（愛靜）〈Kinakaian 母親的舌頭〉

外婆怕我的婚禮沒人會吟唱古謠

如果說有那麼一條線串起了我們家的女人，那一定是我外婆起的頭。

我外婆非常和善，妹妹形容她「永遠在付出她的愛與善良」，外婆跟我媽一樣，是走好笑風格。舉個例子吧，我妹出生的時候，外婆已經帶我去過媽媽的病房，但她每次都會忘記是哪間，每次去，仍要一間一間看。我雖然年紀小，不會表達，卻已經知道是哪間，我會直挺挺站在媽媽的病房前，睜大眼睛看著外婆在那邊白忙。原住民老人很可愛，有很多笑話可以講。

我外婆脾氣很好，一般好脾氣的人個性都偏安靜優雅，但她又很搞笑。我身上那種很放鬆幽默、很chill的部分，都是媽媽那邊家族傳承下來的。我外婆有七個小孩，五男二女，也有很多個孫子，每個孫子都愛她。即便年紀大了，她都還會記得每個人的名字跟生日。外婆過世的時候，媳婦即使跟兒子離婚了，也都回來參加她的告別式。

有時舅舅喝醉，對太太講話比較大聲，她也會跟舅舅說：「怎麼可以對人家的女兒這樣？」搞得我媽也常罵她，怎麼可能什麼都是我們家人的錯，也會有別人犯錯的時候吧！

外婆有很多很 kiang 的軼事，說也說不完。好比我念長庚護專，算是爲部落寫下光榮紀錄的年輕人。畢業那天，她還特地從台東上來參加我的畢業典禮。當時我們在台北沒有親戚，也沒有房子，只得去住我姨丈某個姊姊家。我有台電磁爐是白色的，姨丈姊姊家也有台體重機是白色的，離開時，外婆一直抱著體重機不放。

「阿嬤，你尬意這個喔，不然幹嘛抱著它？」

外婆一直點頭說：「這是小雯的啊！」後來我們提醒她看清楚，她才發現：「啊啊，拿錯了。」老人家搞不清楚體重機還電磁爐，可是她對孫女的愛無庸置疑。

外婆一直都跟阿姨住，以前有段時間住高雄，也經歷了很多比我們更深的文化衝擊。例如隔壁講台語的阿嬤去找她，她雖然聽不懂半句台語，純粹雞同鴨講，也是可以假裝聽懂在那邊笑。

還有一次，有個人跟她推銷洗頭機這種東西，原住民老人怎麼可能理解什麼是洗頭機？但她不說破，也不問清楚，當聽到對方說到關鍵字「木材」，她無厘頭跟對方說：「木材喔，木材我們山上很多啦！」

後來她從高雄搬回部落，生活逐漸穩定。有次我妹妹回家，遇到兩個外國人來玩，便好心問他們要不要搭便車。結果，那兩個外國人最後被帶到我們家吃東西，渾身上下大過敏。我外婆刮取竹子青色外皮煮成水給他們喝，他們疹子就退了。從那一刻起，外國人便認定她是部落巫醫。

她應該不是巫醫，但很喜歡到山上做農，包阿拜還是吉拿富（Cinavu，小米做成的粽子）都很在行。她把母語歌曲傳承給媽媽，做菜這部分則傳承給小阿姨。只是可惜兩個女兒年輕時對此都興致缺缺，之後回想起來，她們都很感謝外婆懂得因材施教。

古謠是部落的靈魂，她一直希望，有人可以把古謠傳承下去，至少孫子輩的，出一個會唱族語的吧。她曾經試著教我媽媽，我媽媽本來就比較喜歡唱國語流行歌，類似鳳飛飛那種，對學族語歌曲興致不高，幸好後來也被外婆打動。

外婆最擔心的是，我的婚禮沒有人會唱母語歌曲。雖然媽媽傳承了部分，但孫子輩怎麼辦？老人家的擔心總是很長遠。他們深怕一旦自己闔眼以後，子孫們會無所適從。

我的母語其實並不好，爲了想學好母語，也爲了留下外婆的聲音，我開始記錄她的吟唱，可惜的是，在我決定有所行動時，她身體已經不太行，不方便到台北錄音了，既然這樣，我就帶著錄音師回阿姨家的房間，錄下外婆的歌聲。

從《阿爆 & Brandy 創作專輯》之後，經過了十一年，我記錄外婆的歌曲，也促成《東排三聲代》的誕生。那張專輯裡有很多關於婚禮儀式的歌曲，〈訂婚曲〉、〈告別單身歡送曲〉、〈結婚序曲〉、〈婚宴結束曲〉……等，外婆可能眞的很想看到我們結婚、生小孩吧，這歌裡藏著外婆的期許，想想其實壓力還眞大！

小阿姨說，現今部落裡有很多上了年紀的婦女，都說：「還好阿仍仍有出這張專輯，讓我孩子願意重新唱起『山地歌』，以前叫他們唱母語歌，他們都不唱。現在《東排三聲代》又被拿出來聽了。」前不久部落有人結婚，年輕人竟然紛紛唱起了這些歌，小阿姨聽了在角落一直哭，看著他們訂婚儀式結束，跳著圈圈舞。阿姨說：「我很想問他們，你們從哪裡學的這些歌？謝謝，謝謝！終於有人在聽、在唱我們的歌，那個心情，實在沒辦法用言語形容。」

作了那張專輯以後，我眞心覺得，如果有機會再唱歌，就一定要唱自己願意唱的歌，這些歌才會產生一些相對應的力量。

外婆梁秋妹（米次古）那些溫柔的歌，又開始在部落被傳唱了。她起的頭，變成好多條線，像蒲公英一樣，輕輕細細柔柔地飄了出去。

我媽是天生的 Diva

我跟我妹，都一致同意，我媽愛靜，生來就是明星中的明星，不管傳教、主持、作古謠……在各種層面都是。

我做母語這件事，雖然起頭是爲了記錄外婆的古謠，可是這件事後來卻長出了自己的生命。延續母語這件事，是跟媽媽息息相關，無法分開的。

記得國中時有人問我，排灣語的一到十怎麼說。我當時愣住，因爲我不知道。後來這促成了《Kinakaian 母親的舌頭》這張專輯裡〈1-10〉這首歌的誕生。詞是媽媽寫的：

我心裡守著一個願望好久了，
我要我們兩個永遠在一起，
有三個地瓜就剛好夠吃了，
若四個芋頭就太飽了，
生五個很有力量的孩子，
打到六個獵物有夠英勇。
七個阿拜糕分他們吃就不會吵架，

八個斗笠給他們就不會受日曬，
九件衣服給他們穿得暖暖的，
再十個孫子，
我也太幸福了吧。

不意外，寫個數字歌歌詞還是要「偷渡」一下她對我們的期望，跟外婆想的一樣，多子多孫多福氣啦。

我媽覺得自己書讀不多，她被認證是國小畢業，但其實受的正式教育有到高中，只是她念的是教會學校，沒有立案，就不能頒發證書。因此她和很多那個年代的媽媽一樣，因爲「國小畢業」的背景感到自卑。

外公外婆都是務農，媽媽因爲念教會學校的關係，領的是固定薪水，後來有十年時間都在傳教，帶部落的道理班，講聖經的故事。雖然外公反對她當傳教士，她還是走上一條和外公外婆截然不同的路。

那時傳教的神父不會說排灣語，需要會說母語的傳教員，我媽自然成爲第一代母語傳教士，那時整個部落只有兩個人在做這件事。雖然「女性傳教員」現在聽來前衛，但在鄉下比較不分男女，加上排灣族又是平權的社會，所以並不算太奇特。

我媽離世後我們整理很多東西，看了她的照片，對她的經歷又知道更多了些。在我們還小時，她很認眞做自己想做的事。好比說，傳教時期她不會騎摩托車或其他交通工具，仍然可以在沒有路燈的路走上一個小時，只爲了到下個村落傳教，對宗教的虔誠讓她產生的毅力，是很驚人的。

換個角度想，她其實一生都在作「傳播理念」的人，可能是對上帝的信仰、對音樂的愛好，或對母語的執著。外婆留下的柔軟聲音，到媽媽身上出現了活潑的變調，她揉合了自己的性格進去，把它轉化之後，再交棒給我。

她常說，如果不是出於信仰的工作，之後到都市去，可能跟很多部落婦女一樣，爲了養家而走上一條黑暗的不歸路，老年過得很慘。想想看，她和我爸結婚後，就從部落搬到高雄，還督促我爸去台北讀警專。一個女人帶大兩個年幼的女兒，還要確保不讓她們走偏，部落婦女的能耐是很神奇的。

想像一個從來沒出過村莊的人，到高雄怎麼找工作？她一開始是去蜜餞工廠搓楊桃。因為帶孩子有經濟壓力，曾經有段時間，她週一到週五在印刷廠工作，週末作婚宴主持，即使到六十歲都還有人來請她幫忙主持，直到後來身體不好，才改開檳榔攤，賺點酒錢。那時我家的攤子總是門庭若市，大家喜歡聚在我們家聊天喝酒，因為我媽太有公關手腕了。

我現在做的一些跨界的事，我媽當年也有份。她以前作場子時，碰到阿美族的阿姨，阿姨教她唱了一些輕快的歌，後來一些旅外族人聽到了，覺得以後如果小孩結婚就要請她來唱歌。不僅阿美族，泰雅族也會敲她去唱歌。雖然我媽跟對方說：「你聽不懂我們的歌詞，我也不會唱你們泰雅族的歌啊！」但是對方不介意，甚至連平地人也會邀請她去婚禮唱原住民歌曲。

因爲我媽台風很穩，唱什麼都很能引起共鳴。她的音樂是沒有界線的，她很清楚自己的市場定位。那時候都是電子琴伴唱，她跟著類似孔鏘老師彈奏的音樂唱，卡拉ＯＫ出來後，她大概就知道職業生涯差不多到尾聲了。

那時也有其他婚禮歌手，但很少像我媽這樣，做到跨縣市的業務，全台都有她的足跡。我跟她很像，對其他族沒有什麼成見，只要她們的歌好聽就學，我媽常說：「你就聽啊、講啊，不要怕被笑。」

我媽作婚禮歌手，也要兼作主持人，因爲主持人才能承包整個案子，賺更多一點。她的風格偏向活潑、幽默，她族語很好，算是雙聲道，很能炒熱氣氛，常會在台上嘲笑年輕人聽不懂族語，讓老人家有共感。

小時候我和妹妹常跳上小巴士跟樂師們一起擠，跟著她去跑場，我記得有次去恆春的滿州鄉，地點很偏僻，我正想著，這麼荒涼的地方，怎麼會有人結婚？眼前突然出現阿美族部落，我媽也能立刻駕輕就熟上場。

也有時是工地場，作營造業的原住民也喜歡聽她唱歌。那時候經濟起飛，到處都在蓋房子，有次大老闆一高興就給了我媽一萬元紅包，結果她後來喝醉，這一萬塊竟然被偷了。此後我們就被授命要顧包包，幫忙看好媽媽的血汗錢。我也很識相跟獨立，會自己找吃的、找廁所，不會去煩她。我的童年有一部分是這樣過的。

在這些跟唱、顧包包的過程，讓我知道她賺這主持錢並不容易。到了國中，我跟妹妹也下海幫忙唱、幫忙伴舞。尤其接到墾丁的大飯店，有一些鐘點式的定幕劇，我媽會碎念說：「我又不是阿美族，還叫我們穿阿美族的衣服！」但邀約一來，還是會問我們：「要不要跟媽媽去大飯店表演？」

我小時候對墾丁的印象，就是歐克山莊，在歐式的 lobby 表演原住民舞蹈。最好笑的是，上場前原住民還會彼此問候說：「你今天又要去當原住民賺錢啊？」大家上台唱跳〈娜魯灣〉、〈高山青〉，這些歌都是日治時代，日本人爲了削弱原住民各自的勢力與差異，在辦聯合豐年祭時要求原住民唱的歌。我們那時不太在意這些，就是把表演做好，領錢回家。跳完以後，跟我媽合作的跳舞老師，會帶著三個小孩去旁邊賣琉璃珠，我媽則會給我們零用錢。我們很早就懂得各種斜槓，不僅斜槓職業，也斜槓族群。

我的主持與表演，就是這樣從小跟著我媽一點一滴累積起來的，她也交棒了很多人脈給我。例如，過去她有專門幫她訂製表演服裝的人，現在我需要做傳統服飾，也找同一個阿姨做。差別在於她是愛漂亮的獅子座，有一箱箱的衣服。她眉毛很淡，卻可以在移動的車上快速完妝，畫上了眉毛瞬間變得美艷。我則是不喜歡打扮的人，我對衣服其實沒太多想法。

我們路線很像，但衝突也變多，彼此個性都很硬。我接受她要我去念護專的要求，但也會想嘗試其他新東西，例如跟唱片公司簽約這件事，她很生氣，但我心想：「跟你們講了你們也聽不懂，你自己還不是選擇走出部落，或讓生活不穩定的工作？」

跟許多母女一樣，我們太相像，又因爲相像而有些衝突。但是回想起她給我們的一切，如果我跟妹妹沒有來自媽媽家族女人們的影響，我們大概就跟一般平地人沒兩樣。

部落婦女的三代接棒

其實一開始做《東排三聲代》，媽媽並沒有那麼支持。

我外婆從年輕時就想把很多歌都交給她。可我媽覺得古謠過時，不太有學習的意願。直到我外婆開口了。

老人家很少開口，一開口，就是眞的想要。於是我們展開台北、台東兩地奔波的錄音階段，開始收錄以後，我媽才知道古謠的重要，於是認眞學。她比較像那張專輯的製作人，專輯要收什麼歌，是她跟外婆說了算。不過她們母女也是會吵架，只要吵架我就得出來調停。

現在想來有點好笑的是，她後來當了婚禮歌手，也是因爲人家知道她會唱婚禮古謠，古謠因此成了她經濟的來源，只是她不像現代人，會用漂亮詞彙說些：「守護傳統，會深刻影響人的生活。」之類的話。但她早就在把古謠跟電子琴融合，也是家族第一個出專輯的人。她比我還早開始在做新創。

以前那個時代不會特別講文化復興，因爲要復興，還得先經歷消失，而那時候的他們，並不覺得族語有天會消失。

我外婆歌聲很好，她的音很高，在同輩間很有名。我們一開始只是想收錄婚禮歌曲，後來做著做著，發現這些歌曲美的地方，是建立在一種很難言說的深刻文化底蘊之上。這種美，要透過轉譯或類似的比喻，才能讓現代人「聽得懂」。這種「不違背自我，又可以被別的族群聽懂」的方法，是很吸引我的。排灣族沒有文字，而是靠歌謠來傳承記事，對於事情有一番特殊的講法，藏著很深的含意。

好比說，我是家族的長外孫，排灣族形容長孫是「第一個看到太陽的孩子」，是不是太漂亮的形容？族語用的字彙，很多跟大自然有關，我想做族語，就是因爲它太美了。

記得以前在錄原民台節目時，有一個族語競賽節目，賽德克族講「時間」，是用「太陽之書」來取代，意境是一樣的。

現代社會有個習慣，凡事都要求「清楚的解釋」，好像什麼都有清楚的步驟，一二三四五，照著清楚的推論跟邏輯走。在原住民的社會，卻很少有這樣的概念。這種「只要跟著一二三四五走就會懂了」的邏輯，說起來是很恐怖的，因為太速成了，所以現在孩子才仰賴google告訴我們一切的解答，凡事要看懶人包，講究SOP。

原住民的文化傳承，就是要實際跟著做。好比說煮「搖搖飯」吧，它又稱山地飯，之所以叫搖搖飯，是在烹煮的時候要不斷搖晃大鍋子，以免鍋底燒焦，排灣族通常會在鍋裡放些龍葵、昭和草、山茼苣等季節野菜，煮出來的成果有點像野菜粥。

如果一個外人來學搖搖飯，就會問菜要放幾公克？飯跟水的比例要放多少？要搖多久？多大力？但老人家會告訴你：「就這樣。」她們可能就是從工寮旁拔些野菜，憑綜合的感覺做就對了。

所以很多人會說，學習原住民的東西，怎麼沒有SOP？其實它有，只是跟你認知的不一樣。它跟著自然的框架走，同時又容許很多變異性。就像她們每次從部落寄菜給我，會符合田野的時令，每一次都不一樣。

所以我在轉譯這些東西時，會告訴我的群眾：「不要去了解它，而是去感受它。當你用心感受時，你就會自然而然閉嘴。」

我一開始也犯了類似的錯，因爲從小學校給的教育，就是叫我們持續發問，但在跟我媽學母語的過程，我發現她都懶得解釋。後來我逐漸找到某種平衡，總之我先不要講話，看她們怎麼做。

我們三代構成一種有趣的平衡。剛開始記錄時，我外婆一看到麥克風，連頭都不敢動。傳統歌謠有很多邏輯跟我們現代不一樣，好比說，她一定要站著唱，而且在吟唱的時候，一定要加入身體的律動，這才符合她腦中的畫面。唱歌的同時，身體也置身在舞蹈中，跟著排灣族的圈圈舞，四步或八步這樣走，身體就會找到記憶，同時帶出歌謠。她們都有這樣的習慣。

《東排三聲代》前後跨時蠻長，收錄的最後一首歌〈Vuvu 來不及教完的一首歌〉是很古老的曲子，我記得外婆當時唱到一半氣不夠，沒法繼續下去，她就笑了一下，用族語說這首先不要唱吧，最後成了大家聽到的紀實錄音。

《東排三聲代》是開啓我們三代用音樂串連文化跟彼此的開端，深刻影響了我媽媽跟我。我媽這才明白，原來採集是這麼回事，她知道未來會有我，幫她們保留這些歌，保留她跟媽媽的互動。

有時候我要求外婆唱，但歌詞太深，不會國語的外婆說不出所以然，連媽媽也沒辦法用現代排灣語去解釋，她這才發現原來自己也有很多不知道的事，以前沒有好好靜下心去聽。

我媽是長女，過去扛起很多家庭的責任。但身爲中生代的她，也在這張專輯得到很多收穫。她跳出來唱時，我就退到旁邊當記錄者。這些歌曲的和聲都是家裡的人，只要我發個通告：「能來就來，幫我跟 vuvu 一起唱歌。」大家都會請假來參加。

我媽本來有點懶惰，不想當號召的人，結果她看到我一通電話發起整個凝聚的過程，她突然就知道我在做什麼了，雖然我們只有陽春的居家錄音室，也就這樣做起來。從外婆轉譯給媽媽，再到我這邊把它變成更普及於大眾的文化，我們三個，每個環節缺一不可。

錄完這些歌，外婆就住院了，我也開始忙後製，最後催生《東排三聲代》（二〇一四）。而在那之後，我作曲，媽媽參與編詞，我們倆又合作出《vavayan. 女人》（二〇一六）和《Kinakaian 母親的舌頭》（二〇二〇），像是三個女人的族語音樂三部曲，我們眞心想唱出我們世代的聲音。

在《vavayan. 女人》這張專輯裡，媽媽參與度更高，也不再懷疑我做母語音樂的動機了。這張專輯是我們母女倆靠著電話來來回回、天南地北聊，聊世代價值差異、聊部落婦女生活的百種滋味，才生出一首又一首精采歌詞。我會一字一句記錄下她說的母語，反覆練習（但還是會被她嫌舌頭不靈光），可以說這張專輯她占去了大半創作功勞，她卻仍然不覺得這張專輯會有人聽到，純粹只是抱著「退休沒事做，幫女兒圓個夢」的心情。

直到這張專輯開始在社群中獲得好評，引起風潮，她才忽然覺得，原來母語歌曲經過音樂風格轉化，可以打入年輕世代的心。

我們做出來的歌，我也會拿給小阿姨和妹妹聽，雖然她們對音樂跟母語傳播的投入沒有我們多，但會在製作初期扮演稱職的聽眾。我們家的女人，各司其職，多少都促成了這些作品的誕生。

很早就知道音樂之路有媽媽扛起，於是退而傳承外婆手藝的小阿姨說，她無法完全了解我做音樂的處境，她只會問我：「要不要喝雞湯？吃香腸？肉包？涼拌香菜？我們鄉下是放山雞，跟你們都市的雞不一樣咧！」然後把食物寄到台北撫慰我的心，這是她表達關心的方式。小時候被我氣到要死的小阿姨，長大後成爲我的另類支柱，只要回部落我就會去住她們家，跟她的子女打成一片。

妹妹跟小阿姨的路線很像，她後來也跟著我念護校，認眞守著本分當起護士。外婆和媽媽相繼生病期間，她發揮專業負起很多照護責任。我把做好的歌拿給她聽，讓她聽編曲跟流行性，她有時給我意見，但我不一定會聽（笑）。有一年我在金曲獎表演，妹妹特地帶媽媽北上，典禮完妹妹說，她眞不敢相信我在舞台上那麼自在，看到我就像看到以前的媽媽。我想，我眞的接下了媽媽的棒子。

媽媽再見，我願意放手讓你走

以前的老人都很能忍耐，他們怕造成別人的負擔。

錄完《東排三聲代》，我們家經歷了一段，我記憶中成年以來最困難的時刻。因爲外婆和媽媽同時住院，剛好住同一家醫院的樓上樓下，我、妹妹、阿姨和表妹身爲家族裡的女性，形成一個互助團體，輪流照顧兩個人，也是因爲我們習慣女生說了算，做了很多明快的決定。

那時候，媽媽一開始就被發現癌症第四期，其實她已經撐了很久。當時的高雄明明很熱，她卻都穿著長袖，原來是因爲淋巴已經腫脹，她不敢露出手臂來，直到後來連自己洗澡都無法，我們才終於發現，帶她去就醫，然後一診斷就是末期。

我當時跟她說：「不管要不要去醫院，我們先洗澡。」我記得她第一次脫下防風外套，坐著讓我幫她洗，一邊洗，我們兩個都哭了。

就醫後得知是末期，但主治醫生並不會跟我們說期限。我們心裡有數，卻覺得：「今天過好，一切就很好了。」我們並沒有想到，她在那之後又活了豐富的八年。

診斷出末期後，我們租了個小套房，女人們一起搬進去彼此照應。一開始媽媽沒法走路，我慢慢鼓勵她，騎車帶她去操場走路。從原本只能走四分之一圈，後來進步到一圈、三圈、五圈。復健的過程充滿了未知，你無法預測何時會有變化。但她展現了一種勇敢，多數人可能覺得：「明天都要死了，我今天還走操場幹嘛？」我媽媽卻願意接受病況，也願意再做點什麼。這點改變我跟妹妹很多。

後來她慢慢可以開始自理，心也打開了。之後的八年她過得不錯，她喜歡吃海鮮，偶爾會傳《食尚玩家》節目給我，說：「這海鮮好像很厲害！」我就知道她意思。她也會去教會做志工，回來跟我分享今天在教會看到癌末領洗的教友故事。每個人在生命不同階段都需要成就感，她的教育養成受天主教會影響很大，算是同齡裡早早接觸西方思想的人。

或許因爲這樣，連帶影響後來我們彼此告別的方式。我想說的是，媽媽留給我的東西很多，包括她的離去，都成爲一份禮物。

其實關於生死這件事，我在長庚時就經歷許多，我看過很多人在死亡面前沒有選擇的樣子，我知道眞的不必想這麼多。媽媽生前就看過許多癌症病人訪談，她也說，如果不是癌症，她不會重新調整生活步調，重新考慮家庭和樂。有時我們看到她的朋友生病，走得並不平順，身邊也沒人陪，她會有意無意說，她走時不要急救。

我跟媽媽很像朋友，我又有護理背景，我們並不會避諱談這些。聽到她這樣說，我都會開玩笑說：「絕對不要，幹嘛這麼痛苦，一定要舒服地走。」然而，等到眞正告別那一刻來臨，仍是不容易的事，我和妹妹很驕傲我們能忠於自己的決定。

記得我在拍高露潔廣告時，當時她正病危住院。拍高露潔廣告要歡笑、要有力量，但我很怕洩漏了心情，萬一有人來安慰我，我一定會潰堤，只好很艱難地把工作完成，然後趕去醫院照顧她。

因爲疫情的關係，那時一次只能一人照顧。我記得那天中午餵她吃飯，她說肚子餓，胃口不錯，還吃了草莓。幫她梳洗完躺下來一、兩小時，她突然很躁動，跟我說吸不到空氣，我當下就覺得不對勁。

我太熟悉這流程了，接下來，護士會問我要不要插管，如果我不插，她可能就走了，意識會慢慢消失。我很理智地問她：「你要找誰來？你想回台東嗎？你不是上帝，時間還沒到，你不會那麼快死掉，要先回答我的問題。」

她要土葬，她要回台東。

她陸續見了大家一輪，主治醫生說還想試試看，但是我們覺得她太辛苦了，決定安寧治療。後面一、兩個星期我跟妹妹輪流陪她。她在這世上的最後一天早上，剛好是我陪在旁邊的。我記得她服了大量鎮靜安眠藥，意識不太清醒。前天晚上大夜班護士說，看到她腳底有些斑出現，可能就這兩天了。

走的那天天氣很好，太陽明朗閃亮。我在她耳邊說：「如果今天回台東，就可以趕在過年之前，避開塞車潮。你應該也想在回家的路上，再看一次台九線的海吧？」下午她開始喘，護士說差不多了，我不停在她身邊說話、安撫，她一直皺眉頭，很努力卻又很累的樣子。

我告訴她辛苦了，我們都長大了，如果時間差不多，你可以放心走。她像是用盡最後一次力氣，接著鬆了眉頭，在我面前離開了。

那個下午我們很順利地把她送回家，也讓她看到海。一切她都交代得很清楚，一切都按照她的意思。

這對我和妹妹來說，都是無價的體驗。我們一致覺得，日後如果我們死掉，也要用這個方式。人與人之間完全斷線、完全靜止，就在一口氣之間。但我們除了悲傷，也很慶幸都能做到給她的承諾，畢竟，善終對很多人來說，都是不容易的。

我每次都說，不管得什麼獎項、頭銜，對我個人都不是最重要的，人可以做的事本來就很少。以前家人是我宇宙的中心，是優先考量的對象，現在媽媽不在了，我可以更毫無懸念面對人生大小事。

她走在我四十歲之前，這是她送我最好的禮物，一輩子都受用。人到中年，如果可以先預習生命終期會遇到的狀況，等輪到我的時候就不會太慌張。這讓我可以重新安排人生順序，好好工作、好好生活，毫無畏懼、坦然地走下去。

我們的阿爆

從好可惡到好可愛

口述——王慧珍（小阿姨）

阿爆從小活潑、愛表現，我們天主教堂暑期的道理班，都會聚集很多年齡相近的人，只要下課時間一到她就會拿麥克風、站在小板凳上，唱林淑容的〈我怎麼哭了〉，邊學她的哭腔跟動作，唱完還叫我們要掌聲鼓勵。

她外公有台搬運車，老人家上山工作回來，聚在庭院喝酒，她也會站在搬運車上唱歌跳舞，讓老人家邊喝酒、邊看她表演。

她在我們家是長孫，得到大家疼愛，雖然我是小阿姨，但我們年紀只差八歲而已。她很愛欺負我，吃飯一定要我哥哥餵，偏不給我餵。我有時偷捏她，她也會跑去跟爸媽告狀。我們小時候很不合，動不動愛吵架。她念幼稚園時，我負責接送她，她偏不讓我牽，一定要自己過馬路，她妹妹就很乖，願意給我牽。她很難駕馭，那時候覺得她好可惡。

長大後我們互動變好，她念長庚時我常煮

東西寄給她吃，因爲她太挑食了。她喜歡蛤蠣雞湯、肉包、涼拌香菜、香腸。後來她打電話來說，幾號幾點要上節目表演，我們都以爲她玩玩而已，大概是從小就愛唱歌，趁機圓夢，沒想到她眞的走上這條路。

她受到媽媽跟外婆的影響最大，我媽一直說希望孫子輩至少有一個會唱族語跟古謠，她原本意願好像不高，但後來被我媽感動到，開始認眞學習。

我媽媽是個沒有脾氣的人，她是好媽媽，愛去山上務農、幫忙部落工作，想教給我們原住民的東西。以前年輕的我們不喜歡學，不覺得有什麼用，但現在那些技能都用上了。我沒姊姊那麼會唱歌，但我跟著媽媽學做飯，原民菜煮得很好，阿拜、搖搖飯、吉拿富都很在行。

姊姊過世後，阿爆一直在鼓勵我們，我也努力調適中。姊姊很有領導能力，阿爆是眞的逐漸在取代媽媽的角色，爲家裡做出重要決定。她會說：「舅舅、阿姨們，我要做什麼什麼，你們覺得這樣可以嗎？」我們都很願意跟她討論。

後來我也生了三個小孩，我和阿爆的關係就像朋友、子女，每次看到我對孩子比較嚴苛，她會試圖告訴我，現在年輕人在想什麼。

她跟我的小孩互動很好，她有去台南就會找我女兒，回部落也會一起嘻嘻哈哈，聊天吃飯。大家起鬨會說：「不然你唱歌給我們聽？」她會說：「不要，我很累。」有時還會擔任大家的唱歌評審。

她很樂觀，也懂得自嘲，那時出完第一張專輯，公司解散後她還會開玩笑說：「公司被我們唱垮了，我要回去當護士了。」我們其實都支持她做音樂，她自律性很強，很清楚自己要什麼。我很欣賞她的是，她不會因爲上節目當了明星，就好像很了不起。她很能放下身段，完全沒有架子。

她不喜歡工作太緊湊，因爲太忙，沒吃飽沒睡飽的話會喊累。她很少跟我們訴苦，只會報喜不報憂。我無法了解她的處境，只能做吃的來安撫她。

她的努力大家都有目共睹，我們部落的老人家很稱讚她，很多老、中一代的婦女都說：「還好阿仍仍有出專輯，以前年輕人覺得唱母語很丟臉，現在我的孩子願意唱山地歌了。」

她做的是文化工作

口述——JL（貼身造型師）

阿爆很容易滿足，她已經是有地位的人了，但可能因爲經歷的關係，她不會要求穿很高級的衣服。跟她合作一年，每次選衣服她都不追也不問，只會跟我說，幾月幾日有什麼工作，屬性如何，我們再去撈衣服給她看。對她來說，衣服好看、舒服最重要，便宜或貴都無所謂。

她想事情的節奏很快，明確知道要幹嘛，就會趕快把事情完成。她非常在意原民文化，如果遇到不尊重或冒犯，她會持相對保護的態度。有些玩笑是原民自己可以開，別人不能開的。

只要有資源她就會分享，她在意工作、喜歡工作，希望把場子顧好，不會只顧自己。工作態度可能是從年輕時就磨練來，分享跟照顧這件事是後天的。

她看起來大而化之、嘻嘻哈哈，其實把一切都看在眼裡，腦袋永遠是開機狀態。

她得了金曲，其實已經可以挑工作了，有些小場子可以拒絕，但是很多小型的原住民活動，她還是這樣兩個人一台車，就跑去參加了。

我不是原住民，但對原住民工藝有興趣，她也會鼓勵我深入部落。只要年輕人想做什麼，她就會有力出力，鼓勵年輕人去認識。

第四章

那屋瓦

——從環島部落收音到創立文化音樂品牌

azua tja kinakaian,
bulay aravac aia.
azua tja kinakaian,
bulay aravac aia.

我們的話　自然而然
說起來是多麼美
我們的話　習以為常
說起來是多麼美

——〈排灣族古謠 sinacealjan〉

記錄外婆歌聲，為我起的頭

從念護專時期開始，到二〇一二年在原民台工作以後，我陸續跑遍了台灣各地，認識了很多其他族的朋友，這些都是很難得的機會。像是西拉雅族的夜祭我就參加了三次。我看到許多部落裡的耆老即將凋零，存放在他們腦海裡的傳統知識，也許是母語或古謠，都即將隨他們而去。這讓我想起外婆。

我在二〇一四年開始幫外婆做記錄，也是邊走邊摸邊學。起初很怕技術層面不到位，收音效果不佳，後來做了幾次發現，只要有一支麥克風、筆電和錄音的程式介面，就能記下存放在她腦海裡的排灣族傳統。我知道了即時記錄歌謠沒那麼難。

也許是各個環節的時機都成熟了，那時剛好又遇到原民會有個創業計畫，鼓勵原住民成立自己的公司。我想了想，決定在二〇一五年提案做影像保留的「那屋瓦 Nanguaq 環島部落收音計畫」，那屋瓦，即是排灣語「美好的」意思。對許多人來說，乍聽這計畫不容易理解。可以說，它就是原住民專屬的「聲音資料庫」。

一般來說，若你不是這族群的人，因爲不明白它珍貴在哪，就不會重視這些紀錄。但我是這樣想的，歐洲有完善悠久的歷史與藝文傳統，因爲他們從小就受這樣的教育，懂得珍惜與欣賞文化資產。法國電視台的兒童頻道，已經在教小朋友看羅浮宮，人家的文化養成是這樣做的。而我能做的，是先把原住民的素材留下來，以後的人才有機會以此爲出發點，去做更多相關考證和研究，把知識傳給下一代。

現在社會資訊太多，大家對每件事情都很想快速寫下答案，但我當初的使命感並不是這麼重，我只是想先記錄下這些古老的作品。擔心文化流失怎麼辦？可是，你坐在那邊擔心，它就會復原嗎？不如趕快去做點什麼吧。

前面提過，如果你不是原住民，根本不會特別注意到這一個部分；但話說回來，如果你是原住民，一開始要做這事，除非你是文化老師，否則平常不會接觸太多其他族的傳統，甚至你對「傳統」的認識，可能只侷限在自己的部落。要怎麼把觸角伸到各族群、各部落？以及在過程中，如何不冒犯其他族的人？

原住民的社會非常重視禮制，我們講究長幼有序、提倡合作分工，如果在過程中牴觸了這些價值，雖不致於挨罵，但可能會造成對方內心不快，而你也不清楚自己到底做錯、說錯了什麼。

除了採集古謠，這些也都是我必須思考、必須謹慎處理的事。幸好這些年來我累積夠多關於不同族群溝通的方式。時間到了，我決定出發。

帶著檳榔、伯朗、麥香去旅行

在原民台工作期間，接觸過很多其他族的人，我會拿出我跑外景的經驗，盡量跟他們聊天，讓他們覺得有親切感，好比我會說：「你們南投春陽部落，斜坡怎麼這麼斜?!」一旦他們放鬆，就會願意跟你聊天，否則他們會很緊繃。

我知道，起頭一定要從部落開始，就算流程出錯也沒關係，我們都是自己人嘛。如今想起來，都是好玩的事，有時出去一趟，就會滿載而歸。雖然可能今天去台東，明天跑南投，我們像疲於奔命的人類學家，哪裡有聲音、我們就往哪裡去採集。

以我出身的嘉蘭部落來說，就有魯凱跟排灣兩個族，我在這裡就收了不同聲音，有老人也有小孩。後來我們也上網放消息，請大家推薦部落裡的好聲音，讓我們前去蒐集。

很多時候，我們就是帶著檳榔、伯朗咖啡和麥香紅茶去做交陪，雖然面對不同族，但是我們打招呼和交流的方式是共通的。另一個也是託原民台的福，因爲原民台收視族群以長輩爲主，所以長輩多半認識我，加上年輕一輩也都會看我臉書，所以老少對我都不會有疑慮，可以很快取得他們的信任。

不過因爲收錄的結果，我們不會剪接，爲了確保收到我們想要的聲音，我會先到現場聽聽看，如果唱得不是太好，或只是一心想紅，可能就過不了我這關。

我前後跑了大概有五十個部落，去拍這些地方，不是希望拍到多麼漂亮的畫面，而是充滿眞實「生活場景」的地方。就像我記錄外婆、母親的聲音一樣，在她們舒服的家裡，記錄她們自在的樣子。我們在電視上看到的原住民生活，其實並非我心中最眞實的原住民狀態。

不過去部落採集，眞的要保持很多彈性，尤其是時間安排上的彈性。記得有次去屏東泰武國小，要拍一對祖孫。很多人推薦這個小六男生給我，說他族語很厲害、歌聲也好。豈知我到了那邊，怎麼也找不到他，於是決定去鄰近村落歇腳，請他的村民碰到他後通知他一聲。

不料我們車子開一開，眼前突然有個人騎單車過去，一邊很大聲唱歌。我一聽歌聲很優，立刻開車追上去問他：「你叫巴魯嗎？我們有說要錄你跟 vuvu 唱歌，你怎麼不在家？」沒頭沒腦的巴魯就這樣在路上被我們抓去錄音了，去部落採集，就是要這麼隨機應變。

如果你是照著一般人的邏輯，幾點幾分在哪裡要開始做什麼，你就是死路一條。你必須要跟著他們的邏輯走，他們不是不守信用，而是你不懂怎麼跟他們互動。

當然也會看到一些困境，例如二〇一五年時我去彰化一個十七歲小妹妹 Kivi 家收音。當時她和男友住在台中九二一收容中心，那是我第一次去那樣的地方。那是個臨時安置所，就位在工業區的邊邊。我問他們：「你們這邊怎麼這麼多電線？」「因爲電線沒拉好，台電要來不來的，就算了，我們自己蓋，先暫時待著吧。」我心想，九二一都已經過去多久了，爲什麼他們在這邊？我已經多久沒看到瓦楞板蓋的屋頂，他們竟然還住在這樣的環境裡？

不過原住民還是很懂得苦中作樂，只要周邊有空地，他們就會設法種菜。這是我們族群的特點，很 chill，很懂得在生活的縫隙裡找光，不然你要怎麼辦？

我們蒐集了他們的聲音，但之後的際遇就是各自造化。小男孩巴魯後來就消失在人海裡，失去了聯絡，曾妮、Kivi 後來都和我們一起出了專輯。

長輩的託付，壓力的滋味

我記得第一次收錄魯凱族的歌，是因爲同部落一個族人的邀請。魯凱族全台只有一萬多人，他們是非常嚴謹的族群，個性很害羞。

那位先生把我們帶去他家，還找了他的哥哥來助陣，一整個家族都是六、七十歲的老人家。以魯凱族的社會來說，除非他們對你已經有相當程度的信任，不然外人要打進去很難。他們願意讓我去收錄，表示已願意交付給我這樣的信任，那是很珍貴的東西，也給我很大的壓力。

我一直告訴自己，他們要的沒有很多，我不要誤用了他們的信任。

我們一般收音都在家裡，但我到的時候，他們已經全副武裝，從頭到腳，都是參加婚禮的裝束。我嚇了好大一跳，那是我剛開始收音第一年，還沒掌握應對長輩的眉角，很怕不小心踩了什麼雷，可是他們卻一口氣給我這麼多。

我收音回來後了解到，只要有一個年輕人願意開口問他們，他們就會一直給、一直給，他們太想給了，卻沒有人要他們給出來的東西，而年輕人可能也扛不起他們給予的這麼大壓力。有時候收完音，老人家會跟我說：「阿爆你怎麼現在才來，我們等你好久了。」我聽了眼淚都要流出來。

老一輩有他們滿腔的愛，年輕一輩也有自己難言的壓力。處在中間橋樑位置的我，突然之間都懂了。

另一次在新竹五峰部落，有個青年團聚請我去錄音，說來有點好笑，他們本來都要解散了，因爲我要去錄音，大家才開始練習。

我到了以後，他們開農用車載我們進部落，留我們下來吃飯，希望我們融入他們的生活。

當部落年輕人要做傳統文化，會受到兩種質疑。一個來自父母，他們覺得：「你怎麼不去賺錢？」第二是同儕，同儕帶不起來，你激不起效應，很多時候只能單打獨鬥。

雖然以前部落主要的價值核心，是身在其中的每一分子要互助，但年輕人如果從小沒被教會這種精神，他們怎麼會主動去幫助人？

青年會這個組織，就是原住民部落特有的產物。像阿美族，就是用年齡分階級，遇到有勞動性質的工作，就由年輕人來做。排灣族也有青年會，未婚青年每兩、三屆會選一次會長，協助部落處理公共事務，實踐互助精神。

因爲有我開路在先，這些年輕人也可以理直氣壯跟媽媽說：「阿爆也是唱母語啊，她還不是得金曲獎。」不管金曲獎或什麼，我算小有名氣，是可以被他們拿來跟爸媽頂嘴的素材。

遇到這樣的年輕人，我都會盡量幫忙，不完全是金錢方面，而是設法把他們推介出去，如果公部門需要人推薦表演，我也會設法把他們推出去，就像幫樂團找樂手的概念。因爲在外面闖久了，我握有比較多的資源，就由我來當他們與外界接軌的橋樑。

我以前作流行歌手，是比較個人的事。但我想做更多事，是可以大家一起來的，我也可以趁機「偷渡」一些我認爲的好聲音，放在平台上讓大家看到。我喜歡唱歌，也欣賞會唱歌的人，而做這些事，可以把所有我喜愛的事一口氣做足。

一起來玩音樂吧，出錯也無妨

出錯也沒關係，做了就是，我們一起來記錄音樂、玩音樂啊，我是這樣想的。說到文化，大家都很容易感到沉重，其實文化可以很輕鬆，以音樂爲媒介就是一個方式。

前後五年，我走訪了將近五十個部落，有時就當做旅行，到處吃吃喝喝、到處玩，也很合我 free style 的個性。當然也有烏龍的時候，例如我第一次去採訪後來被收錄在《N1》作品裡的曾妮，我請她自我介紹，她在那邊給我亂編歌：「我的名字叫曾妮，嘿喲嘿喲～」本來叫她清唱，結果她突然臨時加了個吉他手，才學了兩天吉他就想上場，搞得我還要在現場進行教學。有時眞是給他們氣死。

部落採集的事，在原住民圈傳出口碑，後來私訊我說要報名的人越來越多，但有些個案也是要到現場才能判斷，如果感覺苗頭不對，我就會跟他們說：「我們錄個不間斷的一分鐘，我才會知道你投稿的履歷影片，不是剪接來的。」其中也不乏有些好笑或方向錯誤的人。

你當然可以長得好看、歌聲過人，然後期待有個專業團隊來幫你打造。可是遇到這種我會說我能力不及。我還是喜歡找創作人。他們有話想說，有意見想傳達給世界，這才有足夠的驅動力從事母語創作。

做部落收音其實有兩個目的，一個是蒐集古謠，另一個是把傳統音樂做創新。廣義來說，我就是想做跟音樂有關的事，不管傳統、現代、母語、國語，這些其實都可以並行。想要完整記錄傳統，就靠採集；但創新這部分，我想找尋願意跟著我走的人，我就帶他們走一次。

那屋瓦，你可以把它當作原民音樂平台，也可以是認識原住民文化的窗口。

很多原住民對當歌手這件事有很大憧憬，但是方法不對，也不會看簽約內容，只因爲太想當明星，什麼也不看就簽了。過去從沒人告訴他們這些事。

我想告訴他們，你想走這行很好，但要先確定你適不適合，當歌手不是漂漂亮亮站在那邊就好，漂亮的人太多了，你有你的功課要做，我想帶他們做一次，他們就知道到底適不適合。

我沒辦法做很多，或做到很大，只能盡能力挑著做。那屋瓦一號作品《N1》，就是我帶這些不同族的年輕人一起腦力激盪，做出來的母語作品。我們沒有簽約的合作關係，只是想推他們一把，有興趣就來，沒興趣也沒關係，早點去體驗別的工作也好，畢竟他們最終還是要對自己的人生負責。結婚都可以離婚了，簽約並不代表什麼，我只是設法讓他們窺見夢想的更多可能性。

而我也從裡面學到很多，知道原住民青年需要的是什麼，共通點又是什麼，我又該怎麼整合這些音樂以外的事情，帶他們做點什麼出來。

像是《N1》成員之一的曾妮，她今年才二十歲，最年輕的眞愛十七歲，他們的文化養成背景不一樣，會讓她們想創作的主題不同。曾妮想做排灣族命名的主題，所以我們做了〈Ngadan 名字〉。眞愛想聊女生愛上不同族的男生，內心的暗戀經驗，於是有了〈Embiyax su hug 你好嗎〉這首歌。

每個人想講的議題不同，需要的幫助也不同，唯一共同之處就是用母語創作，而過程中我只能引導他們，也許找自己的媽媽學母語，或我幫你們找母語老師。我能做的是幫他們找到最適合表達自己的方式。

我也在他們身上看到創造力，好比說吧，我習慣一定要把歌寫在紙上，但十七歲的孩子，不管錄音或創作都在手機上完成，語言也沒那麼設限，一句短短歌詞裡可以有中文、母語、英文，我覺得這樣嘗試也很有趣，在他們這世代，語言不是限制，他們想怎樣使用就去使用。

又如，我曾經請網路行銷做測試，《N1》裡，曾妮的歌在馬來西亞很受歡迎，雖然她用母語唱的是「名字」，這可能是馬來西亞本身就是多族裔融合的社會，對陌生語言的接受度比較高。而Kivi的電音風歌曲〈Macidiij自己〉，在英國反應蠻好。

我最終的目的，不一定要在我這一代達到，但我始終認爲原民音樂要有自己的聽眾、勢力和製作能力，最後推出產品。你在我這邊學會製作能力，以後回去可以找到屬於自己的社群和聽眾，即便區塊再小，一旦鞏固後，就足以養活這些唱母語音樂的人。雖然政府每年有很多補助和扶植，卻因爲我們少了條「加工線」，沒能把這條線延續下去。

如果年輕人能把用母語創作變成習慣，建立屬於原住民的網絡，這些種子就會到處發芽，長成茂密的大樹。未來，還會有N2、N3，希望直到N的無限大。

不管什麼語言或曲風，一起吟唱的是生活

一開始我說要用母語做流行音樂，很多人聽不懂，因爲他們很難想像這到底怎麼結合，那麼我就自己做實驗，不見得會成功，但做了就是。《vavayan. 女人》就是這個實驗的產物。

只要不是褻瀆文化就好，我希望跟我同一路的人，是以傳統爲核心，然後用現代人能理解的手法重新表現出來。因爲受過音樂圈和電視圈的訓練，我想也許我可以。

從傳統古謠《東排三聲代》，到放克嘻哈《vavayan. 女人》和電音感的《Kinakaian母親的舌頭》，我是一路懵懂摸索，才把話講清楚，讓大家明白，原來我口中的「原民音樂流行化」是什麼。我樂風的轉變很自然，並沒有刻意去分類。這是我想做音樂的原因，我本來並不是靠音樂吃飯，現在機會回來了，就多方嘗試，不要流於無聊。

做原民音樂，讓我想在音樂之路上繼續下去。過去的流行音樂有自己一套模式，但

創作成分少了些，並不適合我，那樣的模式不能滿足我。過去是藝人優先，一切他們說了算，但很有可能藝人們全做了一輪，卻始終不了解自己。現在我想要讓這個團隊的專業意見都算數。

做自己真心想做的事，就會值得，也可以獲得穩定的生活。

我四十歲了，目前處於很完美的狀態。我不是物質慾望很高的人，但目前做著喜歡的事，賺的錢剛好夠我生活花費，然後有餘力再去拉拔年輕人。

我很幸運的是，我生對了時代。過去雖然發過華語唱片，但是當時社會氛圍跟現在不同，那時本土意識沒現在這麼強，也沒有分眾的概念。現在你能鞏固好自己的族群，讓人家願意聽你，就很不錯了。

往好處想，現在做音樂不必面對單一認可的角度，社會很多元，資源也多，你可以放手去做，喜歡你的人，就會自己來找你。以前製作費掌握在唱片公司手裡，但現在只要認真寫企劃，你就可以從頭掌握資源，看著它變成你想要的樣子，這是音樂最有趣的地方。

我本來就不是科班出身，我感受的是音樂的純粹情感，所以什麼音樂背景都可以。雖然有些人會批評原住民不應該混合古語，或是別的曲風表現，但我們過去吟唱的都是生活的片段，現在又何嘗不是如此？

很多人問我族群之間要怎麼平等，我想說的是，不要總是第一個拿族群的標籤來看人，而是注意他的養成背景，當你專注在這個人身上，所有東西就平等了。

我就是想做這些給有心嘗試的年輕人看。我先試，他們就可以跟著走。不一定要走我的路，有本事也可以自創別的路。好的音樂是可以跨越語言的，你看〈Despacito〉（西班牙歌曲），我們就算不懂西班牙文，也可以跟著它擺動、朗朗上口。那母語爲什麼不行？

在和長濱國中學生的合作，也是這樣。當時台東縣政府有個創作比賽，邀請我去做決賽的評審，每個評審要選一組做成果發表會。我那時很喜歡長濱國中的合唱團，決定帶他們完成一首創作。加上他們自己也有老師在帶，做很扎實的母語教育工作。我前後去了超過三趟，還帶了一位編曲老師和他們一起工作，後來這些學生也跟著我參加很多演出，像是高雄跨年場或車商私人發表會，這些孩子就像我的專唱。

大家覺得我做母語，是因為推廣，可是我們不是因為做母語就高潮，也不是要說原住民就是最強的，母語並非萬能咒語。你不能忘記，音樂的本質，最終目的還是要打入生活。別人可以因爲你做母語的意識型態而支持你，但是那樣並不會持久，你的歌還是要好聽、讓人想跳舞，或給人安慰。

也許大家喜歡賦予我很強大的使命感、至高無上的意義，但其實我就是專心做自己喜歡做的事，其他的擴散跟共鳴，都只是額外的禮物而已。

傳承的「承」，重點就在怎麼「交給」年輕人，如果年輕人對你的東西沒興趣，你也無法延續傳統。用母語，一起做出好聽的歌，讓未來每個人的歌單裡，都有一首原住民語流行歌，就是我目前單純的願望。

我們的阿爆

她那超恐怖的行動力

口述——阿拉斯 Arase（原民台同事，合作夥伴至今）

大約是在二〇一〇年吧，阿爆進原民台主持時，我在幕後做企劃。那時候她剛進這行，傾聽的時候多，邊聽邊學。記得她第一次主持現場 Call-In 節目，很緊張，結束後還打電話問我有哪裡需要調整、她是否表現不好……很少看到她這樣慌張過。

遇到不知道的問題她就問，爲的是知道下次怎樣改進。她心思冷靜，腦袋很清楚，不像現在做每項工作都很熟悉，開始亂講話（大笑）。

她本來對原民文化也不熟悉，前後做過談話性、行腳類、健康類、戲劇節目，每一年都有新作品，我都參與了製作，也目睹她的成長，知道她對族群議題的關心變得更多元，也促成她做族語這部分。她這三張專輯下來，族語已經有很明顯進步。

她是我的姊姊，是老師，也是好朋友。我們的關係很複雜啦。我常常坐她的車，然後在車上聊很多不能播出來的事（大笑）。我們互動頻率太多了，應該說我們知道彼此需要的是什麼。她每次都會跟我說：「弟，我幫你介紹一個工作，講座主題是『社群媒體經營』。」

我都說：「你確定我可以講？」

她萬年不變的台詞就是：「唉呀，這很簡單你可以。」

她每次都這樣，要我去演講、寫歌或主持，都是用這句話來「告知」，而不是「詢問」。這句話講出來好像有魔力，我們都會就範。我們遇到困難，她也會立刻給予方向，只要有她在，我們就不必怕。

像在做那屋瓦《N1》時，她希望我們寫生活中遇到的事，我們之中有人可能因爲經歷了一些事，想寫首激烈的歌宣洩不滿，寫完又有點不安。她就說：「我可以幫你聽，不ＯＫ就剪掉啊，沒關係。」

可能跟她媽媽是歌手有關，她喜歡大家一起表演，提攜後進的感覺與氛圍，一起來玩玩看，看可以玩出什麼東西。她可以很有耐性地引導我們完成自己的作品。

記得第一次我跟那屋瓦以外的人合作，關於詞曲合約的授權我不懂，去請教她，她就打電話來跟我講了一輪，外面市場動向怎樣、遇到問題如何處理、業界生態又是如何，她講了好多，最後說決定權在我身上。

沒有辦法溝通的人會令她不耐，不懂的人，她願意教；但教了兩三次還不懂，她會想說算了。她尊重每個人的選擇，她的判別能力精準到可怕。

《N1》裡頭每個人只寫一首歌，卻都參與所有課程。她讓我們討論曲風、和聲編寫、MV構思等等，有了製作的想法後，也許明年我們可以發展出個人專輯。

我沒辦法具體說她多厲害，但她就是個神經病，私底下聊天都在講廢話，但一講正事就恢復正經。最瘋的應該就是「那屋瓦環島部落收音計畫」，可以這樣開車一路巡下來，這種行動力眞的很恐怖。

當然也不是沒有搞砸過事情啦，以前在原民台拍戲，都會買眞的食物當道具，但拍一拍可能NG太多耽擱到，沒想到爆姊已經把豆花吃光了，搞到副導說：「你就不要再吃了，餓死鬼投胎嗎！」她會說：「好啦好啦，我不吃了。」

她有自己一套「爆式引導法」，喜歡大家一起工作，前面就把事情先弄好，也像在測試大家的目標是否一致，搞定了，後面就可以玩很多事，假使大家目標不同，我們就先慢慢整合，直到方向一致再來工作。

我爸媽是來自不同語系跟文化的魯凱族，所以從小家裡對事情就持開放態度，我念高中才到都市，適應力也蠻快的。因爲姊的關係，我開始回去看自己的族群文化，我沒有像她那麼急迫地想要抓住什麼、發揚什麼，但是她帶給我的訊息是：「你活在其中，要不要設法把它記錄下來？」

就像我是演員，我知道劇本裡發生什麼事，但觀眾不知道啊，我就用我的方式把它說出來，這就是「記錄」。我也開始用短短族語記錄文字，開始跟爸媽聊天，聽他們說家族部落的事，讓他們知道，現在的孩子在表達對部落的關愛時，不必像以前那樣鞠躬盡瘁，這樣平等的交流也可以增進族群意識。

原住民想做文化不必打悲情牌，只要一點一滴記錄自己的生活與感覺，也是一種方式。我現在都規定自己，只要發文就一定寫一句族語，每天學五個單字。

我們這幾個人工作起來就是很愉快啊，就像熱戀中的情侶，看到什麼單品或工作，都會說：「啊這個好適合她！」討論工作的事也可以直接講，不必怕惹怒對方。

今年爆姊四十歲生日，我擔任生日企劃，祕密幫她召集各路的好友一起來。但她很機伶，我們又怕被發現，每個都卯足了勁事先瞞著她，還要裝忙。有個住台中的朋友當天還故意放兩個小孩哭鬧的社群限動，就怕她知道我們聚在台北為她慶生。我還跟朋友借了廚房，做她最喜歡吃的蛋糕。

生日會很成功，我看到她有這麼多喜愛她的人圍繞在身邊，一定是她跟我們相處過程中，給了我們喜愛的東西，大家才會這樣願意奉獻，這是互相的感覺。

我記得姊跟我說她有個很深的感觸。她三十五到四十歲這期間很努力衝刺，才有辦法做到她現在這樣子的狀態。而現在是她最舒服的狀態，做最喜歡的事情謀生，認識這麼多不同世界的人與文化。她想得很多也很遠，我們就愛她這個樣子。

她是令人眼睛發亮的導師

口述——婉婷（長濱國中長鼓原舞團老師）

大概是在二〇二〇年我帶學生去參加台東歌唱比賽，擔任評審的阿爆因爲欣賞學生的歌聲，開始與我們合作。

我是她長庚護專的學妹，那時就知道她出專輯了，後來隔了十幾年參加比賽又在長濱相遇，感覺像偶像站在眼前，很悸動。

她很溫暖、放鬆，總是帶給大家開心，對小孩就像大姊姊。有次我和她聊天，她聊到在長輩耳濡目染下，想繼續從事傳統相關的工作，雖然我們不同族群，但在這方面很雷同，都想讓更多原住民年輕人願意傳播文化。

我們的學生中有兩個特別有唱歌天賦，其中一個在長濱部落豐年祭擔任最年輕的大會領唱，有次讓他跟阿爆練習，阿爆說他好像有個老阿公住在身體裡，聲音很有威嚴，後來他也跟著參與很多阿爆的相關演出。

另一個學生本來個性沉默悶騷，覺得只是來社團唱歌跳舞，沒想到跟著阿爆訓練下來，有天突然跑來跟我說：「老師，我很喜歡音樂，我想嘗試詞曲創作，學混音。」我嚇了一跳，最令人意想不到的就是他。

我跟小孩說，我們可能無法改變這些傳統

歌謠，但可以轉換不同形式，讓更多族群聽到，不管把它搬到什麼舞台，都是吸取經驗。而且不只台上，下了台也會學到東西。

阿爆說我們很像韓國藝能培訓班，我們每天放學後進行兩小時社團訓練，課程都不太一樣，有古謠、舞蹈、樂器、合唱、新創舞蹈等等，阿爆來參加幾次的培訓，時間不長卻對小孩產生很大影響。她不會把小孩原本特質拿掉，而是爲他們加入其他的東西。

我父母都從事相關工作，分別是族語老師和舞蹈老師，我從小跟著父母跑，後來又到學校工作，唱歌跳舞已經存在我血液裡。原住民受到霸凌或歧視，是因爲彼此之間不了解，我都跟孩子說，如果他們不願意來了解，那我們主動出擊，把文化展現給他們看，讓大家認識我們。

姊姊可以，也許我也可以

口述——真愛（那屋瓦《N1》歌手）

阿爆來我們學校（金山高中）做音樂講座，透過老師介紹，我認識了她。

當時看到她就是看到明星的感覺，我沒想到之後會跟她合作音樂，整個過程很 shock。

姊姊有來問我最近在幹嘛，我說我寫了幾首歌，她叫我給她聽，就問我要不要參加《N1》。

對我來說她是很厲害的大姊、老師、貴人，我沒想到十七歲那年會遇到姊姊，跟她一起體驗音樂製作。她說她不想把我們綁住，希望我們可以好好發揮，想寫就寫。她光是召集這麼多不同族的人一起做音樂，就很了不起。她也不怕後輩超越她。

她不會設限我們的風格，我們做什麼都她樂意欣賞，不會批評，但會告訴我們怎樣更好，她希望我們不要繞遠路。

我一直在想，姊姊可以做成這樣，那我又能做些什麼？

我的家庭是重組家庭，從小在都市長大，教會給我的影響很多，是因爲教會，我才喜歡上音樂。後來我去念金山高中的原住民藝能專班學習歌謠與文化，因此遇到爆姊。

父母不會在我面前說族語，所以族語創作這部分我都是請教老師，比較吃力。雖然累了點，可是我跟部落長輩可以有所交流。布農族的文化傳承已經出現斷層，也許我可以幫忙補足這部分。

爆姊工作時很認眞，眼神很殺，情緒是亢奮的。她跟我說要是歌寫不出來，可以跟他們要 demo（試聽帶）去寫歌。我去她家玩過，她還送了我一組錄音器材，親自教我怎麼做。她很大方，我必須要更努力寫歌。

姊姊是很棒的人，這眞的不是客套話。以後我也想開個自己的錄音室，自己做專輯，當製作人。

後記

我們其實很一樣

——阿爆 Aljenljeng

tua nakiljivak tjanuaken, 獻給所有疼愛我的
tua napapulevan tjanuaken, 獻給所有帶給我快樂的
tua napakiumalj tjanuaken, 獻給所有改變我的
tua napapupicul tjanuaken. 獻給所有添加我力量的
maljimalji, masalu angata, 真的很感謝每一位
tua na pakiumalj, kiljivak tjanuaken. 改變我和疼愛我的人

如果你對我的人、歌和經歷都有興趣，這本書可以讓你參考，「阿爆」這個人是怎麼養成的。如果用一句話總結這本書的精神，就是——「身爲原住民，身爲少數族群，我們怎麼跟社

會裡的多數相處。」

這相處的過程不一定一路充滿美好泡泡、和諧曲調，我也一直在學，不透過泡泡看世界，而即便面對各路嘈雜聲音，我們一起各司其職，用自己的 tone 唱出均衡的合唱。

我們看似不一樣，我們其實很一樣。

我曾經讀過一篇有關以莉高露的訪問，我覺得她說得很中肯。她說：「阿爆是用自己的方式在進步，她跟前一輩的原民音樂人不一樣，跟國語流行歌手也不一樣。」我進步的方式，就是帶年輕人一起前進。

我喜歡大家一起完成事情的滿足與成就。這個時代給我們很多機會，台灣原住民也可以站在自己的發源地唱給全世界聽。

我們原住民總愛掛在嘴上：「欸，幫忙一下。」不管做什麼事，我們喜歡一起來。現在，我要扮演婚宴主持人、家族長老、音樂統籌、原民小ＫＯＬ，我們一起來做點好玩的事吧。

附錄

給母語音樂創作者的備忘錄

這幾年我常遇到很多有心從事母語音樂的年輕人，想知道如何從邊緣走向主流，我根據這些年來的經驗，整理了十個想分享給大家的點，也許可以讓大家少走一些冤枉路。

一、先問自己為什麼想做母語音樂，是為了傳承、記錄，或跟流行？

目的很重要。「目的」跟你接下來做的事會很有關係。假使你想做傳承，傳承有自己的做法，它編曲較簡單，如實記錄文化，你的角色比較像旁觀者，而非創作者。你先去收錄完，再做混音。

如果你想做母語流行歌手，這等於是新創者的角色，你要做的功課很多，要先消化的東西也很多。

爲什麼要先自問目的是什麼？因爲以母語音樂來做商業演出，收入非常不固定，你想靠這些掙收入，會非常辛苦。所

二、你喜歡的音樂是什麼類型？可以聆聽現在市場上受歡迎的Top 100，研究市場在紅什麼？

以現在這些跟我一起做音樂的人，我會要他們不要放棄正職。想做音樂，穩定的收入很重要。要先求吃飽，做的音樂才會好聽。

很多人對原民文化有狂熱，但音樂終究要回歸音樂，滿足自己的「創作魂」之前，你得先很誠實地研究自己，才能避免對自己有誤解。

看看現在市場上，什麼音樂比較多人做？找到你想效法的歌手，跟著他做——這裡說的效法，不是說跟他一模一樣，而是學他怎麼做好歌手的工作，怎麼經營社群、怎麼創作歌詞內容、找來什麼樣的製作團隊。

多數母語音樂人沒有大公司的歸屬，比較偏向個體戶運作，所以只要你一開始知道得越多、掌握得越深，就不會違背自己太多。

三、先讓觀眾聽到「音樂」，後來自然會聽到「文化」。

很多人會因爲自己做母語音樂，而自詡「文化工作者」。可是如果你看過眞正的文化工作者，不厭其煩地重覆研究單一主題，就會知道自己其實離他們很遠。做母語音樂不是這樣，你要避免不斷告訴別人，你的文化是怎麼回事，我尤其害怕這種作法，畢竟大家壓力都很大，聽音樂就是要求輕鬆，不想聽說教。加上人對不熟悉的事物，本來就沒有耐性。

所以你得先決定你喜歡什麼音樂類型，隨後定好主題，把你要的文化包在音樂裡。別人來聽你的音樂，不是因爲文化好聽，更多時候是取決於你的節奏、唱腔，你要用音樂吸引他。「音樂」跟「聽眾」之間很像在聯誼，我們聯誼挑對象，不也都是先找漂亮可愛又順眼，簡單說就是合自己的型，才會進一步聊天。

四、做母語音樂的基本流程：

先定好「專輯主題」，找「族語口／編譯老師」，再進入流行音樂工業的製作過程。

傳統流行音樂製作流程，是先做好詞曲，接著進入編曲、錄音、混音、印刷、宣傳等等。流行音樂代表的是普羅大眾，不會因爲什麼詞唱錯，而冒犯到他人。但做母語音樂有個很大不同的地方，在於你要多做一個功課，先讓大家知道你的主題是什麼，想清楚再寫歌。

以我第二張專輯《vavayan. 女人》爲例，還沒正式寫歌前，我知道我想要記錄兩代女人之間的對話，所以裡頭的歌都跟女人有關。我觀察部落婦女在聚會時，喜歡用母語閒聊，有時說「唉呀，今天我老公發薪水，晚上請大家快樂一下，喝個兩杯。」有時是講老公被老闆罵的醜事，總之就是你一句、我一句的發洩。

專輯裡有一首〈Kanu 你在哪裡了？〉就是在說，吃飯時間都到了，飯菜也煮好了，老公是去哪裡了呢？這種情形在部落很常見，我觀察到了，也把它放進專輯裡呼應主題。

在正確性方面，你可以試著從家人之間找到語言的支持系統。我是跟媽媽還有其他長輩學，因此我很鼓勵大家找家

五、要做出從「母語」角度，而非「中文」角度出發的母語歌詞。

裡人一起，甚至一代代問上去，父母都會想幫小孩完成夢想的。

我們現在推行的族語有認證制度，使用羅馬拼音去書寫族語，但是老人家沒學過拼音，族語還是說得特別好，所以這兩者可以分開來看。如果你找到很會講，又可以把它文字化的人，是最好的。如果你找到會說但不懂羅馬拼音的人，就要另外找合作夥伴。

我推薦大家找部落裡的老人家，尤其還在進行傳統技藝傳承的老人家，是最好的文化顧問。

前面提到母語可以分「口語」和「書寫」母語，要知道這兩者的不同。想知道哪裡不同，可以先學它怎麼講。我寫母語歌詞，目的是想學日常母語，所以我會著重在口說。如果你想做書寫型，比較漂亮的母語歌詞，就是另一個路線了。兩

六、兼顧「傳統文化常識」與「音樂技術專業」，在兩者間取得平衡。

種都可以，但要從母語角度出發。好比說，有些字在母語裡是不存在的。中文說冰塊「融化」了，母語裡沒有「融化」，而是用「消失」指稱它，這就是母語的邏輯，如果你不斷拿著「融化」去問老人家，他永遠不會知道你在說什麼。

母語音樂人跟一般音樂人不同的地方，在於要輸入這兩樣元素。

傳統文化常識方面，可以先關心最近原民圈有哪些議題受到關注，原視新聞或社群都是很好的來源，可以從這裡延伸原民文化議題。

想關心傳統文化，也可以去部落走走，甚至 Long Stay 都可以。

音樂技術方面，現在有很多音樂培訓營，能幫助你成爲專業音樂人，製作音樂的技術更到位，而你想講的東西又

七、原創主題與古謠改編需要注意的地方。

不會離當前議題太遠，這兩樣東西要一直並行，才能抓到平衡。不因太流行而離原民文化太遠，也不會議題太嚴肅，讓人聽起來不輕鬆。

什麼是「原創主題」？詞曲是自己寫的，內容是自己發想的。

這有什麼要注意的地方？我們在講刻板印象的事，需要特別小心。例如喝酒、皮膚黝黑等特色。身爲母語音樂人，很容易看起來像在代表族群說話，儘管你不一定有那個意思，但仍要小心。你不能說，爲什麼原住民一直在喝酒？但如果你寫的是家裡眞實發生的事，是在誠實說自己爸爸的故事，那就沒關係。

就我來說，我會想講他們喝酒背後的原因，也許媽媽離開了，爸爸身體衰弱或求職不順，人生遭逢變故等等都是有原因的。我之所以有這樣的想法，是出於愛護文化和對族人的保護機制吧。

至於古謠改編的部分，特別有些祭歌，是在召喚祖靈或送靈的歌，你不能因爲它聽起來很酷就使用。你不是祭司或相關位置的人，要知道它有明確的權限範圍。

記得有次我們在排外景的短劇，導演需要有人拿著陶壺，一邊唱著古曲走進來。有個年輕人沒有想太多，就唱了首古謠。我記得那時在陽明山上，沒多久就颳了大風，年輕人也跌倒受傷見血，連機器都怪怪的無法拍攝，總之發生了一堆不能解釋的事，我們只好收工。

有些古謠是有禁忌的，最好還是改編自己部落的歌。原民會網站有智慧財產權可以查詢，有些古謠已經登記授權，你就可以知道這歌從何而來，在講什麼。我職業生涯中也曾遇到有人，因爲不懂，把明明在講送行傷心的歌，改編成快樂的歌。我們原住民一直在叫別人不要濫用我們的文化，但若你不夠謹慎，也會犯錯，成爲濫用文化的人。

八、善用原住民的角度，不斷嘗試且放大你與觀衆的交會，就會有共鳴。

九、把它當作一場實驗或作業，不要苛求立刻大紅。

發表了歌曲，也許只是demo，不盡完整，還是可以慢慢累積聽眾。你可以去找出歌詞哪個部分他們特別感興趣？也許是你表達愛情的意思、唱腔或旋律，去注意聽眾給你的回饋。

他們的回饋，會回應到你的優點，只有透過不斷交流，你才會知道自己長處在哪。不然關在家裡做音樂很容易會變得閉塞，喜好越來越單一。

現在音樂的露出平台很多，大家都覺得自己沒資源，寫的歌沒被聽到。但我很想說，做母語音樂第一個要搞清楚的是——你本來就是少數啊！你在想什麼？不要被企圖心沖昏頭，妄想立刻變成張惠妹或動力火車。就算我的歌進到KTV，上架時間也有期限。你就把它當作給自己的功課或抒發，不要想一下子就得到很多。

十、音樂是服務人心的行業，善用社群經營自己的聽眾。

身為獨立音樂人，如果你沒資源，找到自己的群眾很重要。不管什麼方法，把對話進行到底。我常覺得音樂是服務人心的行業，甚至是高級服務業。做母語音樂更辛苦，斜槓更是家常便飯。

母語裡有很多神話愛情故事，或是用植物來比喻人，或是詞彙特殊的情歌，都是跟中文音樂不一樣的地方，也是可以發揮的特色，要有耐心讓別人逐漸看得懂。找到共鳴，然後用你的觀點把這些共鳴唱出來，它就會很不一樣。

Ari帶著問號往前走

作　　者——阿爆（阿仍仍）
採訪撰文——李郁淳
平面藝術——磊勒丹・巴瓦瓦隆
封面攝影——陳怡絜
美術設計——Jui-Che Wu

叢書主編——周彥彤
副總編輯——陳逸華
總 編 輯——涂豐恩
總 經 理——陳芝宇
社　　長——羅國俊
發 行 人——林載爵

出 版 者——聯經出版事業股份有限公司
地　　址——新北市汐止區大同路一段三六九號一樓
電　　話——02-8692-5588 轉 5312
聯經網址——www.linkingbooks.com.tw
電子信箱——linking@udngroup.com
印　　刷——文聯彩色製版印刷公司印製
初　　版——二〇二二年五月
定　　價——新臺幣三八〇元
書　　號——178170
I S B N——978-957-08-6268-3

行政院新聞局出版事業登記證局版臺業字第 0130 號

國家圖書館出版品預行編目 (CIP) 資料

Ari 帶著問號往前走 / 阿爆（阿仍仍）著 ; 李郁淳採訪撰文 .
-- 初版 . -- 新北市 : 聯經出版事業股份有限公司 , 2022.05
180 面 ; 14.8 × 21 公分 . --（People）
ISBN 978-957-08-6268-3（平裝）

1.CST: 阿爆　2.CST: 排灣族　3.CST: 自傳　4.CST: 臺灣

783.3886　111004204